दिल से दिल की बात

अशोक कुमार

BlueRose ONE.com
Stories Matter
NewDelhi • London

BLUEROSE PUBLISHERS
India | U.K.

Copyright © Ashok Kumar 2024

All rights reserved by author. No part of this publication may be reproduced, stored in a retrieval system or transmitted in any form or by any means, electronic, mechanical, photocopying, recording or otherwise, without the prior permission of the author. Although every precaution has been taken to verify the accuracy of the information contained herein, the publisher assumes no responsibility for any errors or omissions. No liability is assumed for damages that may result from the use of information contained within.

BlueRose Publishers takes no responsibility for any damages, losses, or liabilities that may arise from the use or misuse of the information, products, or services provided in this publication.

For permissions requests or inquiries regarding this publication, please contact:

BLUEROSE PUBLISHERS
www.BlueRoseONE.com
info@bluerosepublishers.com
+91 8882 898 898
+4407342408967

ISBN: 978-93-5989-059-3

Cover design: Rishav
Typesetting: Rohit

First Edition: April 2024

प्यारी बेटियों
छवि और कीर्ति
तथा
जीवनसंगिनी
राधिका
को
समर्पित

गुफ्तगू करती कविताएँ

अशोक कुमार जी पेशे से भले ही बैंककर्मी हों, पर मन-मिजाज से साहित्यकर्मी हैं। मैं खुद बैंककर्मी रहा हूँ, इसीलिए सिद्दत से महसूसता हूँ कि वित्तीय गणित और साहित्यिक सरोकार के बीच किस तरह साम्य स्थापित किया जा सकता है। अशोक जी ने भी इस साम्य को स्थापित किया है, जिसका प्रमाण इनकी कई छिटफुट रचनाओं के साथ यह कविता संग्रह - 'दिल से दिल की बात' है।

प्रस्तुत संग्रह की पाण्डुलिपि मेरे हाथ में है और इसकी कविताओं से मैं गुजर चुका हूँ। पहली बात तो यह कहूँ कि ये कविताएँ अपनी शर्त को पूरा करने में सक्षम हैं। मेरा मानना है कि कविता को कविता होने के लिए सबसे पहले संप्रेषणीय होनी चाहिए। बोधगम्यता कविता का महत्वपूर्ण लक्षण होता है, जिसे इस संग्रह की कविताएँ पूरी करती हैं।

इस संग्रह की कविताएँ सहजतापूर्वक पाठकों के मन में उतरती हैं। भाव प्रवणता किसी भी रचना के लिए बड़ी बात होती है, जो इस संग्रह की कविताओं में हैं। अशोक जी इन कविताओं के माध्ययम से कोई पहाड़ तोड़ने की बात नहीं करते, पारिजात तोड़ लाने की बात नहीं करते, किसी आन्दोलन के लिए सहस्रों हाथ उठाने की बात नहीं करते। पर, ये अपनी सुकुमार भावनाओं के साथ मन से मन की बात करते हैं।

इस संग्रह की कविताएँ पाठकों को गांव ले जाती हैं, शहर में घुमाती हैं और पाठक को खुद के मन में टहलाती हैं । पर, हरेक जगह अपनी चिन्ता और चिंतन को बहुत ही बारीकी से पाठकों के मन में उतारती हैं।

आज के मनुष्य और समाज की सबसे बड़ी चुनौती है मानवता को बचा कर रखना। तमाम सुविधाओं के बावजूद हमारे समाज से जो गुणात्मक

श्रेणी से क्षरित हो रही है, वह है - मानवता और मानवीय संवेदना। और आज के साहित्य का मूल उद्देश्य इसे ही बचाना है। आज की चुनौती मानवता को बचाना ही है। इस संग्रह की कविताएँ भी इसी चुनौती को स्वीकार करती हैं।

इस संग्रह की कविताएँ विभिन्न रूप में हैं। नई कविता, छन्दबद्ध कविता और और इन दोनों के बीच से चलता काव्य स्वरूप। पर, इस संग्रह में कवि ने पाठकों को सहज-सरल ढंग से अपनी बात कहने की कोशिश की है।

दो और दो चार ही होता है। इसी गणितीय अवधारणा के साथ अशोक जी ने इस किताब का नामकरण किया है। जैसे दो और दो चार में और कोई गुंजाइश नहीं होती, वैसे ही 'दिल से दिल की बात' में और कोई गुंजाइश नहीं । दिल का कहना और दिल का सुनना। बस। पाठकों को प्रतीत होगा कि वाकई दिल से दिल की बात की गयी है।

इस काव्य-पुस्तक के प्रकाशन हेतु मैं कवि को बधाई देता हूँ। शुभकामनाएँ।

प्रदीप बिहारी

मेनकायन
न्यू कॉलोनी, उलाव
बेगूसराय- 851134

साहित्य में सीमांचल की नयी बयार : अशोक कुमार

'ठाकुरगंज' भारत के बिहार प्रान्त के पूर्वोत्तर कोने में एक छोटा सा नगर है। जैसा कि नाम से ही द्योतित हो रहा है कि विश्वकवि रवीन्द्रनाथ ठाकुर से कहीं इस नगर का संबंध न हो। और सच में, लोग बताते हैं कि विश्वकवि के वंश के कुछ लोग यहाँ आये थे और अपनी ज़मीनदारी यहाँ स्थापित की थी। और तभी से इस गाँव का नाम ठाकुरगंज पड़ गया। रवीन्द्रनाथ ठाकुर के नाम पर गाँव तो बस गया परन्तु उनके कवित्व का भी कुछ प्रभाव यहाँ पड़ा या नहीं यह अनुसन्धान का विषय है। जब से मेरे अन्दर कुछ साहित्यिक चेतना आयी तो मुझे यही ज्ञात हुआ है कि ठाकुरगंज में कुछ उर्दू के शायर तो हैं लेकिन हिन्दी मे लिखने वाले की सदैव कमी रही है। ठाकुरगंज अब एक नगर की हैसियत प्राप्त कर चुका है। पूरी नगर पंचायत यहाँ स्थापित है। यह नगर किशनगंज ज़िले के अन्दर आता है। किशनगंज के साथ कटिहार, अररिया और पूर्णियाँ ज़िले हैं और इन चारों ज़िलों को मिलाकर पूर्णियाँ प्रमण्डल बनता है जिसका मुख्यालय पूर्णियाँ नगर में ही है। दूसरे शब्दों में, इस प्रमण्डल को सीमांचल शब्द से भी अभिहित किया जाता है।

यदि पूरे सीमांचल की बात की जाये तो यह साहित्यिक दृष्टि से काफी उर्वर क्षेत्र के रूप में दिखाई पड़ता रहा है। शेख किफ़ायतुल्लाह की कृति विद्याधर जिसकी लिपि कायथी थी 1728 ई. को रचनाबद्ध की गयी। संतकवि महर्षि मेंही दास तथा संत रामकिंकर दास की रचनायें भी पढी गयीं। महान् कथाशिल्पी फणीश्वरनाथ रेणु का संबंध इसी क्षेत्र से है। फारबिसगंज नगर के पास औराही गाँव में रेणु जी अवतरित हुए थे। पण्डित रामदेनी तिवारी 'द्विजदेनी' का संबंध भी फारबिसगंज से ही है। अनुपलाल मण्डल जिन्हें बिहार का प्रेमचन्द कहा जाता है कटिहार ज़िले

के समेली प्रखण्ड में फलका गाँव में पैदा हुए थे। जनार्दन प्रसाद झा 'द्विज' वैसे तो भागलपुर ज़िले के एक गाँव रामपुरडीह में पैदा हुए थे परन्तु बिहार के कई नगरों में रहकर अन्तिम समय में पूर्णियाँ नगर में ही रहे। यहीं पूर्णियाँ कॉलेज में ये प्राचार्य रहे। कहते हैं कि द्विज जी के आग्रह पर ही राष्ट्रकवि रामधारी सिंह दिनकर पूर्णियाँ आये थे और उन्हीं के कॉलेज पुस्तकालय में बैठकर अपनी कालजयी कृति रश्मिरथी का प्रणयन किया था।

बांग्ला साहित्य के प्रख्यात लेखक शरत् चन्द्र चट्टोपाध्याय गढबनैली राजपरिवार के अमीन थे और राजपरिवार के मुख्यालय भागलपुर में ही रहते थे। बांग्ला के ही सतीनाथ भादुड़ी भी सीमांचल में ही रहे। जीवत्स शर्मा हिमांशु और लक्ष्मीनारायण सुधांशु के नाम भी सीमांचल के हिन्दी लेखकों में सम्मान के साथ लिए जाते हैं।

जहाँ तक उर्दू साहित्य का प्रश्न है तो यह सीमांचल में प्रारंभ से ही समृद्ध रहा है। यहाँ से मज़हरुल क़य्यूम मज़हर, संजय कुमार कुन्दन, शाह इदरीस चिश्ती, क़ाज़ी जलाल हरिपुरी, वफ़ा मलिकपुरी, तारिक़ जमीली, अब्दुल हक़, जुबैरुल हसन गाफिल, मुश्ताक़ अहमद नूरी, एहसान क़ासमी, सलीम शौक पुर्नवी, रफ़ी हैदर अंजुम, नीलोफ़र परवीन, हाज़िम हस्सान, मुस्तहसन अज़्म, क़ैसर खालिद, ज़ाहिदुल हक़, जहाँगीर नायाब, मुमताज़ नैयर, रिज़्वान अहमद, खालिद मुबश्शिर, हक्कानी अल क़ासमी, शमीम रविश, अज़ीकुर्रहमान सारिम, इफ़्तेखारुज्जमाँ, अहमद हुसैन शम्स, प्रमोद भारतीय, मुश्ताक़ अहमद 'गौहर', एहतशामुल हक़ आफ़ाक़ी, आशु झा 'नक़्क़ाश' इत्यादि काफ़ी सरगर्म हैं। हिन्दी के अर्वाचीन लेखकों में रामधारी सिंह 'दिवाकर', मंजुला उपाध्याय, सजल प्रसाद जैसे साहित्यकार आज लेखनी पर ताव दे रहे हैं। और जहाँ तक संस्कृत साहित्य की बात है तो अंधेरे में चराग़ की तरह एक नाम प्रमोद भारतीय का भी है जिनकी कथाकृति सहपाठिनी अर्वाचीन संस्कृत साहित्य में पिछले पच्चीस वर्षों से टिमटिमा रही है।

ऐसे में, सीमांचल के साहित्यपटल पर अशोक कुमार का अवतरण निश्चित रूप से अभिनन्दनीय है, वन्दनीय है। उनका 'दिल से दिल की बात' जो उनकी कविताओं का एक संकलन है निश्चित रूप से हिन्दी साहित्य जगत्

में एक अमिट छाप छोड़ेगा। इनकी ग़ज़लों का एक संकलन 'कुछ हमारी कुछ तुम्हारी कुछ ज़माने की' तीन साल पहले ही आया था, इसे भी साहित्य जगत् में हाथों हाथ लिया गया था। मेरा और अशोक कुमार जी का बचपन एक ही नगर ठाकुरगंज में बीता है, एक ही विद्यालय में हमदोनों ने गुरुजी के डंडे खाये हैं। हमदोनों के शौक़ भी एक जैसे ही थे। हिन्दी तथा अंग्रेज़ी के शब्दों को पकड़ना और फिर उनकी चीड़-फाड़ करना, पूरी तरह उनकी मीमांसा करना स्कूली दिनों में हमदोनों करते ही रहते थे। बाद में हमदोनों अलग-अलग दिशाओं में चले गये। मैं अध्यापक बन गया और अशोक जी बैंक अधिकारी। मैं चूँकि अध्यापक हूँ और वह भी भाषा और साहित्य का, इसलिये भाषा के व्याकरण से उलझना होता ही है। वहीं अशोक जी लम्बे समय से नोटों की गड्डियों से उलझते रहे हैं। नोटों की गड्डियों की जो गर्मी होती है वह कई बार साहित्य की संवेदना को झुलसा देती है। लेकिन अशोक जी, पता नहीं, उस गर्मी के बीच रहकर भी साहित्य के कोमल पल्लवों को किस प्रकार बचाकर रख पाये, उनका किस प्रकार सिंचन कर पाये, यह भी अचंभित करने वाला है।

मुझे उम्मीद है कि उनकी 'दिल से दिल की बात' लाखों-करोड़ों दिलों तक दस्तक देगी।

प्रमोद भारतीय

13/2, शर्मा निवास
ईस्ट रेस्ट कैंप, त्यागी रोड,
देहरादून-248001

लेखक के दिल से

अपने इर्द-गिर्द सामाजिक समर-क्षेत्र में चलता जीवन-युद्ध, जीवन के रंगमंच पर घटित सुखांत-दुखांत पटकथाएँ, इनमें अलग-अलग पात्रों द्वारा निभाए गए तरह-तरह के चरित्र, उनसे हुए आचार-विचार और व्यवहार-अनुभव का लेन-देन, देश-दुनिया में हो रहे जनमानस को उद्वेलित करने वाले घटनाक्रम, प्रकृति और मानव की खींचतान, कुछ स्व-अनुभूत मिठास, कुछ चखी गई कड़वाहटें, कुछ कर गुजरने का उत्साह, कुछ ना कर पाने की कुंठा, प्रेम-नफ़रत, आशाएँ-हताशाएँ, बनते-बिगड़ते सम्बन्ध, सपने, सीमाएँ और इन सबों से दिल में उपजी कुछ कहने की कसक का ही परिणाम है आपके हाथ में मेरा यह दूसरा काव्य संग्रह – "दिल से दिल की बात"।

हालाँकि अपनी नौकरी की व्यस्त एवं थकाऊ दिनचर्या के बाद चिंतन एवं लेखन के लिए शारीरिक उर्जा बचाए रखना, मानसिक उर्वरता बनाए रखना अपने आप में एक बड़ी चुनौती रही मेरे लिए, लेकिन मैं शुक्रगुजार हूँ अपने उन मित्रों, सहकर्मियों और वरिष्ठ परिचितों का जिन्होंने फेशबुक और व्हाट्स-एप पर मेरी रचनाओं को बराबर पढ़ा, सराहा तथा मुझे निरंतर प्रोत्साहित किया कुछ ना कुछ लिखते रहने के लिए । इसके लिए मैं विशेष आभार व्यक्त करता हूँ मेरे बाल सखा सिकंदर पटेल का, चाचा तुल्य गंगा प्रसाद मंडल जी का, अग्रज स्वरुप कृष्णा बहादुर प्रधान जी, राजीव कुमार दास जी, चन्द्र प्रकाश जी, दिलीप यादव जी, वशिष्ठ नारायण जी, तारणी बाबू, राजेंद्र दास जी, पुत्रवत अंजनी गुप्ता और आनंद भूषण श्रीवास्तव का और सहकर्मी मित्रों सत्यदेव रंजन जी, जय कुमार चौधरी जी, बनारसी पासवान जी, सुब्रत कुमार जी और सीमा सिन्हा मैडम का । कई दफा कई मंचों पर ढँकी-छुपी आलोचनाएँ भी मिलीं लेकिन सच

पूछिए तो वे भी हमेशा काम ही आईं मुझे खुद को माँजने-तराशने में। उनका भी दिल से बहुत-बहुत आभार।

इस संग्रह में शामिल कुछ कविताओं और गीतों को कई मंचों और कार्यक्रमों में प्रस्तुत करने का अवसर मिला जहाँ इन्हें बेहद पसंद किया गया और सराहा गया। इन अवसरों के लिए मैं मुकेश प्रत्यूष जी, डॉक्टर संजय कुमार सिंह जी और देवेश सिन्हा जी के प्रति हार्दिक आभार व्यक्त करता हूँ। इस संग्रह में शामिल कुछ रचनाएँ कई पत्र-पत्रिकाओं में पहले ही स्थान पा चुकी हैं। इसके लिए मैं उनके संपादकों का भी आभारी हूँ।

कोई ऐसा सप्ताह नहीं गुजरा होगा जब मेरी लाडली बेटियों ने दरियाफ्त ना किया हो कि क्या लिख रहे हैं पापा, कब छपेगा, कब किताब आएगी आदि-आदि। उनकी जिज्ञासा और आग्रह निःसंदेह मेरे लिए बड़े प्रेरणा स्रोत रहे हैं। लेखन-क्रम में मेरी आठ वर्षीया नतिनी बार-बार बाल-सुलभ आग्रह करती कि क्या लिखे हैं, पढ़कर सुनाइए और मैं गाता-गुनगुनाता जिससे कुछ कविताओं और गीतों की गेयता में थोड़ी प्रखरता भी आई। इसके लिए अक्षिता लावण्या का भी आभार। इस संग्रह के लिए रचनाएँ लिखने, उन्हें सहेजने, प्रकाशन हेतु तैयार करने आदि के क्रम में कई बार समय की सीमाओं के अतिक्रमण से रात्रि-भोजन, दवाइयां खाने, सोने, अगले दिन कार्यालय जाने में विलम्ब हो जाने का हमेशा ही अंदेशा बना रहता था। लेकिन मेरी अर्धांगिनी ने न केवल इन सभी बातों का ख्याल रखा बल्कि इस दौरान मुझे लगभग सभी रोजमर्रा के घरेलू कार्यों से मुक्त भी रखा। इस प्रकार इस संग्रह के प्रकाशित होने में उनका भी बड़ा योगदान है। अतः अपनी प्यारी बेटियों छवि अनुपम, कीर्ति अनुपम और अपनी धर्मपत्नी राधिका देवी के प्रति भी मैं अगाध आभार अभिव्यक्त करता हूँ और यह काव्य संग्रह इन तीनों ही को समर्पित करता हूँ।

एक लेखक या कवि के लिए यह बड़ी बात होती है कि उसके रचना-संग्रह को किसी मर्मज्ञ साहित्यकार या भाषाविद ने पढ़ा हो और इसके सृजन-शिल्प की कुछ माप-तौल की हो। सोना में सुगंध तो तब है जब कोई सिद्ध साहित्यकार उत्साहवर्धन, मार्गदर्शन और सम्मान की भावना से किसी नवोदित रचनाकार की पुस्तक की प्रस्तावना भी लिख दे। मैं बड़भागी और आभारी हूँ कि परम आदरणीय श्री प्रदीप बिहारी जी ने न केवल इस संग्रह

की प्रस्तावना लिखी बल्कि मुझे मेरी भावी साहित्यिक यात्रा में हर संभव सहायता और मार्गदर्शन का आश्वासन भी दिया । साहित्य अकादेमी से सम्मानित श्री बिहारी जी एक वरिष्ठ साहित्यकार हैं तथा कई लब्धप्रतिष्ठ साहित्यिक पत्रिकाओं के संपादक रहे हैं और मैथिली तथा हिंदी साहित्य जगत के एक सशक्त हस्ताक्षर हैं । कहानी संग्रह, लघुकथा संग्रह, उपन्यास, नाटक, अनुवाद आदि विधाओं में इनकी कुल छब्बीस पुस्तकें प्रकाशित हैं और इनकी कहानियों का बारह भाषाओं में अनुवाद भी हुआ है । बहुमुखी प्रतिभा के धनी बिहारी जी ने मैथिली टेली-फिल्म में अभिनय, पटकथा लेखन और निर्देशन भी किया है ।

डॉ० प्रमोद भारतीय जी ने महाविद्यालय में अध्यापन की अपनी व्यस्त दिनचर्या से अपना बेशकीमती वक़्त निकालकर और इस संग्रह की प्रस्तावना लिखकर मेरा जो मनोबल बढाया है निश्चित ही वह मेरे आगे के साहित्यिक सफ़र में एक बहुत बड़ा संबल सिद्ध होगा । इसके लिए मैं उनका जितना भी आभार ज्ञापित करूँ वो कम ही पड़ेगा । सरलहृदय, उदारमना प्रमोद जी बारह भाषाओं के जानकार तथा संस्कृत, उर्दू, हिंदी और अंग्रेजी भाषाओं के निष्णात एवं अधिकारी विद्वान, भाषाविद और प्राध्यापक हैं । दोनों हाथों से एक साथ लिखने जैसी विलक्षण प्रतिभा से संपन्न प्रमोद जी ने उपरोक्त चारो भाषाओं में कई पुस्तकें भी लिखी हैं जो खासी चर्चित रही हैं । वे अनेक राष्ट्रीय तथा अंतर्राष्ट्रीय साहित्यिक गोष्ठियों एवं शैक्षणिक संस्थानों में सारगर्भित व्याख्यान दे चुके हैं । संस्कृत में लिखे उनके कथा-संग्रह और संस्कृत साहित्य में उनके उल्लेखनीय योगदान के लिए उन्हें कई सम्मानों से नवाज़ा गया है ।

मैं सभी सुधी पाठकों का भी बहुत आभार व्यक्त करता हूँ जो मुझे निरंतर पढ़ते-सुनते रहते हैं और मुझे लिखने के लिए प्रेरित करते हैं । आशा है कि "दिल से दिल की बात" उनके दिलों में जगह बनाएगी ।

ब्लू रोज पब्लिशिंग को भी कोटिशः धन्यवाद और आभार कि उनके सहयोग से इस संग्रह का बहुत कम समय में छपकर आप तक पहुँचना संभव हो पाया है।

आप सभी का बहुत-बहुत धन्यवाद ! भवतु सब्ब मंगलम !

अशोक कुमार

221, "अक्षरम"
विवेकानंद मार्ग
काली मंदिर के समीप
डुमरिया, किशनगंज
बिहार – 855106
ई-मेल : asok.kisanganjia@gmail.com

अनुक्रमणिका

1. सुजला, सुफला, शस्यश्यामला 1
2. माँ 3
3. इंसानों के जंगल में 7
4. रावण 9
5. ईंट 13
6. जुर्म 16
7. मत कहो 20
8. साहस करना होगा 23
9. आज सुबह चाय पीते 25
10. कैंसर 27
11. भूख 31
12. विकास 32
13. जन्मदिन 34
14. सच्चा सौदा 36
15. दूब का बीज 37
16. आओ हम प्यार करें 40
17. आवारा कुत्ता 42
18. आने दो – जाने दो 44
19. बिटिया 46
20. प्रीत चाहिए 47
21. हाय रे दिल (हाईकू) 49
22. मैं कितना खुशनसीब हूँ 51
23. मैं फिर से पेड़ लगाना चाहता हूँ 53
24. धुंध 56
25. एम्बुलेंस 58
26. पारिवार में रिश्तों की तरह 60

27. दिल ने पढ़ाई की	62
28. मौन संवाद	63
29. गूंगे गीत	65
30. मत पूछो	66
31. बताए किसको	67
32. प्यास	68
33. दोस्त मुश्किल से मिलते हैं	69
34. आदमी	70
35. आज के उजाले	71
36. दिल हो तो जरा-सा आवारा भी हो	72
37. इश्क़ नहीं यूं हीं अफ़साना होता है	73
38. जवानी	74
39. कब तलक ?	75
40. मुखौटे बनाम आईने	76
41. विरोध मत करना	77
42. अच्छा भला आदमी था	78
43. आसान नहीं होता	79
44. ऐतबार रखना	80
45. हरगिज़ ना बसाते दिल की बस्ती में	81
46. दोहरी जिंदगी	82
47. हर गली में घायल मिल गया	83
48. रखा क्या साहिल में है	84
49. दिल की किताब	85
50. क्यों उदास होता है ?	86
51. तय है	87
52. होठों पर आ ही जाए तो	88
53. जिंदगी	89
54. अब पहले जैसी बात कहाँ	90
55. पोर-पोर दर्द दे गई पुरवाई	92

56. चलो प्रेम को दे दें क्षितिज इक नया 93
57. हम कहाँ कहते हैं 94
58. प्यार हूँ मैं 95
59. प्रेम की पीड़ा 100
60. तू जो कह दे तो 102
61. वो नशीली शाम 103
62. क्या तुम तैयार हो ? 105
63. कुछ गुनाह किए नहीं जाते, हो जाते हैं 107
64. कैसे कोई गीत लिखूँ ? 108
65. अरे तू जलता जा रे दीप ! 111

1. सुजला, सुफला, शस्यश्यामला

हे परमेश्वर, हाथ जोड़ हम करते हैं आह्वान,
हो सुजला, सुफला, शस्यश्यामला धरती हिन्दुस्तान।

गाँव-गाँव में तक्षशिला हो, नगर-नगर नालंदा,
देश का हर बालक हो सूरज, हर बाला हो चन्दा,

कण-कण में विज्ञान बसे, शौर्य, सत्य हो साधना,
संगीत, कला, मेधा की हो, घर-घर में अराधना,

नीर-क्षीर का मिले विवेक, शालीनता हो पहचान,
हो सुजला, सुफला, शस्यश्यामला धरती हिन्दुस्तान।

अष्ट सिद्धि नौ निधि बिराजें, षोडश कला के संग,
राग-रागिनी खेलें फाग, गीत-संगीत के रंग,

प्रगति की सरिता में हों, सुख-शांति के कमल,
मनसा, वचसा, कर्मणा, देशवासी हों सभी सबल,

विश्व पटल पर पूजित हो, भारत माता की संतान,
हो सुजला, सुफला, शस्यश्यामला धरती हिन्दुस्तान।

बन जाए फिर देश हमारा, वही सोने की चिड़िया,
धरती उगले मोती-हीरे, दूध भरी हों नदियाँ,

वसुधैव कुटुम्बकम हो, अपना आदर्श महान,
मेरे भारत को मिले फिर, विश्वगुरु का मान,

लहराए फिर अपना परचम, जल-थल-आसमान,
हो सुजला, सुफला, शस्यश्यामला धरती हिन्दुस्तान ।

2. माँ

मात्र परिणय का परिणाम नहीं है
सिर्फ संज्ञा या सर्वनाम नहीं है
एक शब्द में भाषित केवल
कोई संबोधन या नाम नहीं है ।

धर्म-कर्म और श्रम-शौर्य का
अर्चित, अगाध, पारावार है माँ
सृजन है, संवर्द्धन है, और
संहार की भी अवतार है माँ ।

माँ एक शाश्वत संकल्प है
सृष्टि-सरि के आदिम प्रवाह को
अक्षर, अक्षुण्ण रखने हेतु
एक अद्भुत, अद्वय अंशदान का,
यौवन, कौमार्य, श्री-सौष्ठव के
सुचिंतित, सहर्ष बलिदान का ।

माँ एक अनंग, अजस्र शक्ति है
जैसे कि उर्वरा धरती है
धारती निज कोख में जो

सृष्टि का सुकोमल विकल्प
ज्यों संचित करती यह संकल्प
गहती है यह अभिलाषा
नारी तत्क्षण बन जाती है माँ
दृष्टि में दुनिया की अपितु
भिन्न है माँ की परिभाषा ।

माँ पूज्य, लालन प्रकृति है
सिंचन, पोषण, पालन करती है
ममता और अपनत्व की देकर
धूप औ' छाँव मधुर, पुष्टिकर
नमी नेह की, उष्मा देह की
तब जाकर कहीं फूटता है
संतति का कोई नव अंकुर,
ऐसी सघन, सृजन-साधना है माँ
स्नेह और सहनशीलता का
उससे गुरुतर आयाम नहीं है
माँ केवल संबोधन या नाम नहीं है ।

एक तप है, व्रत-उपवास है माँ
स्वंय रहकर बुभुक्षु, कृषकाय जो
स्तनपान कराती निज संतान है
लोरी है, थपकी है, कहानी है
अपने अंश की सुरक्षा-संरक्षा को
वो सह लेती हर अपमान है ।

माँ धैर्य है, आशा, सपना है
ममता के पेशल नयन निविष्ट
आत्मजाओं के पल्लव-पुष्पन का
आत्मजों के निरोग, निष्कंट
सफल, सुरक्षित भविष्य का,
उसे सोच-ध्यान कहाँ अपना है ।

हाड़-माँस का, जीवंत, जादू है माँ,
प्यार से माथ, जो फेर दे हाथ,
दुख-दर्द पल में हो जाता है दूर,
रोली-मोली, चंदन वात्सल्य का
धूप-दीप उद्दीप्त, आशाओं का
सेवा-संकल्प का है अगर-कपूर ।

व्याकुलता है, बेसब्री, छटपटाहट है
माँ दिल की बेचैनी, घबड़ाहट है,
अपनी संतानों के उपर मंडराते
खतरे की सुन लेती, जब आहट है
संकट में कराल क्रोध-कटार भी है
दुर्गा-काली का ले लेती अवतार है माँ
अस्मिता का जो आ जाए प्रश्न तो
अरि का शीश भी लेती उतार है माँ
सृजन, पालन और माँ संहार भी है ।

सूर्योदय से सूर्योदय तक तन्मय
घर-गृहस्थी संजोने में निष्णात माँ

काम हीं काम उसको, आराम नहीं है
सूरज सोए, चंदा नींद में खोए
मगर विधना ने प्रारब्ध में उसके,
लिखा कोई विश्राम नहीं है ।

अस्थि-मज्जा की नश्वर मूरत नहीं,
एक शाश्वत, पावन भाव है माँ
बहती है ज्यों माँ गंगे, अनंतकाल से
गति हीं गति, लघु या पूर्ण, विराम नहीं है
माँ केवल संबोधन या नाम नहीं है ।

3. इंसानों के जंगल में

चाँद आज भी दागी है, सूरज अब भी धुंधला है,
इंसानों के जंगल में लगता नहीं कुछ बदला है।

सितम झेलती बाजों का, आज भी चिड़िया बेचारी,
नदिया कैद पत्थरों में, आज तलक भी अबला है।

मैना, बुलबुल और गौरैया, नित विषधर का शिकार,
आजादी की तितलियों को, गिरगिटों ने निगला है।

न्याय-प्रशासन पगुराते हैं, बेलगाम घूमते सांढ़,
मौन कोतवाल खेत में, बना बजूका पुतला है।

रोशनी दुबकी है अँधेरों में, छिपी पेड़ ताल छाँव,
मीनों की रखवाली में, तैनात भगत बगला है।

मगरमच्छों के चलते आँसू, आज भी हैं बदनाम,
कोयल जैसी तारीफ़ कोयल की, धोखा नहीं कला है।

लकड़बग्घों की टोली से डरता, आज भी बब्बर शेर,
शक्ति के नहले पर शायद, संघ आज भी दहला है।

वन देवी के शीश आज भी, कब्जा चंद गुलाबों का,
खोई मर्यादा पा लेने को, हुआ धतूरा पगला है।

मूर्ख बिल्लियों के झगड़े में, सरपंच आज भी बन्दर,
जान बचाने के ईनाम में, मारा जाता नेवला है।

तृण ढूँढता मृग क्या जाने, उसका नंबर ही अगला है,
इंसानों के जंगल में, लगता नहीं कुछ बदला है।

4. रावण

शू-शूम-शटाक, फट-फट-फटाक,
और देखते ही देखते, तीस फीट का
रावण जलने लगा -
धू-धू-धड़ाम, चट-चट-चटाक।

अफ़ीम में खोई हुई भीड़,
मारे हिस्टीरियाई खुशी के
चीखने-चिल्लाने, गाने लगी –
जल गया, मर गया, रावण मर गया।

तमाशाई बाँसुरी की सम्मोहनी धुन पर
आत्ममुग्ध भीड़, अब
स्वप्निल गोलगप्पे और चाट खाएगी,
नन्हें हाथों में, जल्दी फुस्स हो जाने वाले
कुछ गुब्बारे पकड़ाएगी,
घर जाएगी, खाएगी, पीएगी
कुछ सपने – कुछ बीज बोएगी
सो जाएगी,
रावण के मारे जाने का जश्न
कुछ इस धूम-धाम से मनाएगी।

एक क्रांतिकारी मेमने ने पूछा –
क्या रावण को मारना इतना आसान है ?
क्या रावण वाकई मर गया ?
अगर हाँ, तो फिर वो कौन है ?
कौन है "वो", जो रोज-सरेआम
औरतों और बच्चियों की आबरू,
नोंच-खसोट रहा है ? कौन है वो –
जो जनहित के दफ्तर में
घूस का जूस,
और देश-रक्षा की थाली में
दलाली भकोस रहा है ?

कौन है वो ?
जो प्रजातंत्र के नाबालिग जंगल को
पूँजीवादी कुल्हाड़ों के हाथों
सौंप रहा है ?
याचक हाथों, निराश आँखों, खाली पेटों में
बम-कट्टे, त्रिशूल-तलवार
रोप रहा है ?
निरंकुश-पुत्र-प्राप्ति के मोह में,
राष्ट्रीयता की भ्रूणहत्या से सने हाथ
जनता की गंगा में धो रहा है ?

वो कौन है ? आखिर कौन है वो ?
जो गंगा-जमुना के पानी में,
मनमुटाव का जहर घाट रहा है ?

भारत के नक़्शे को, बड़ी बेशर्मी से
दीमक की तरह चाट रहा है ?

कौन है वो ? किससे पूछूँ ?
इस बेसुध भीड़ से –
जो नफ़रत के श्मशान में,
देश-प्रेम के चुटकुले सुन रही है ?
एक मूढ़, ठगी-सी भीड़, जो
कुव्यवस्था की ट्रेन में
सिनेमाई सपनों के सफर पर है,
जिसे नारों, पोस्टरों, जयकारों के
नशाखुरानी गिरोह ने,
नफ़रत का तेज नशा खिला दिया है
देशभक्ति के समोसे में मिलाकर ?

मुँह से घृणा और असहिष्णुता की
फेन उगलती भीड़ –
उसे होश ही कहाँ है, कि उसका
सब कुछ लूटा जा चुका है,
और फेंक दिया गया है उसे
बाजार के बियाबान में,
निजीकरण के लकड़बघ्घों के बीच
एक स्वदेशी मौत मरने के लिए।

जब जख्म नासूर बन जाएँगे – तब
एक साल बाद,

इस भीड़ की नींद टूटेगी,
वह एक बार फिर से तब
सजेगी, सँवरेगी, जुटेगी
फिर रावण को मारने का
वही बासी अभिनय करने के लिए।

क्या रावण को मारना आसान है ?
एक बूढ़े ज्ञानी बैल ने कहा –
आज रावण को मारना
आसान नहीं है ;
आज रावण को सिर तो एक है
मगर मुखौटे हैं हजारों-हजार,
घड़ी-घड़ी बदल लेता है वह चेहरे
अलग-अलग रख लेता है नाम,
कभी तो खुद बन जाता है राम,
किस-किस से निपटेगी बेचारी भीड़ ?
भला कैसे पाएगी पार ?

वो सतयुग का समय कुछ और था,
आज एक अलग ही दौर है,
तब का राम कोई और था,
आज का रावण और है !!

5. ईंट

वह था गाँव की माटी
कोई दिखावट नहीं,
बनावट, मिलावट नहीं,
सीधा, सरल, निश्छल,
संस्कारी, आज्ञाकारी
माँ-बाप का श्रवण कुमार
कमी का रूदन ना
अधिकाई का गान
जरूरत की कोठी में
बस पेट भर धान ।

आत्मीयों ने निकाला
स्नेह के तालाब से
अर्थ का पानी
तब जाकर कहीं
आगे बढ़ी
रूकी-रूकी सी
जिंदगी की कहानी;
बा परिश्रम गूँथा
मनसूबों, संस्कारों ने

सपनों के साँचे में
ढ़ाला, अरमानों ने।

मन को मारा गया
पेट, काटा गया
जुटाया गया यथासाध्य
साधनों का कोयला;
फसलों और खेतों ने
बेचा डाला खुद को
खरीदने के लिए
आग एक मुट्ठी
ताकि सुलगती रहे
उसके
अवसरों की भट्ठी।

खुश थे सभी
सारा परिवार,
गाँव सारा
बहुत ही खुश थे,
जब निकला वह
सोने-सी चमक लिए
ठोस, सुघड़, सुन्दर
ईंट बनकर
पक कर, तप कर
लाखों में एक
सफल होकर।

आज वह स्थापित है
शहर की
गगनचुम्बी इमारत में
नहाता है रोज
सुविधाओं के बादल में
फैशन के नये-नये
रंग-रोगन ओढ़ता है
वह रम गया है
आसमान छूती दुनिया में
खो गया है वह
शहर की चकाचौंध में,
रंगीनियों ,
जगमगाहट में ।

अब मुश्किल है,
इस ईंट का,
वापिस,
माटी बनना ।

6. जुर्म

मार डाला, काट डाला
बड़ी निर्दयता से
फल-फूल-बीज
छाँव बाँटते
हँसते, खिलखिलाते
बादलों से बतियाते
निरपराध पेड़ों को तुमने।

तुमने नोंचा, खसोटा
बड़ी बेरहमी से
कुँवारी, खूबसूरत
वादियों को
और कर दिया
बिल्कुल तार-तार
उसका चिर अक्षत
हरियाली परिधान।

अंग-भंग, कर दिया
बड़ी बर्बरता से
तुमने

नाबालिग पहाड़ियों का
और जकड़ दिया
उसकी
आदिम स्वतंत्रता को
भोगी पर्यटन की
सड़कनुमा, सरायनुमा
रस्सियों से।

कब तक सहती
भोली धरती
आखिर ये सब
तुम्हारे बाजारवादी
अत्याचार ?
होंठ भींचे, आँखें मींचे
बर्दाश्त करती
कब तक ?
गिर गई बेचारी
गश खाकर
भर-भराकर।

कब तक, बेचारे
किस्मत के मारे
रोके रखते
निज नयनों में
आँसुओं का भार
मूक प्रत्यक्षदर्शी,

निरीह बादल
फट ही पड़े
आख़िरकार।

मैंने कहा केदारनाथ
तुमने कहा सिक्किम
किसी ने भूस्खलन
और किसी ने
बादलों का फटना,
तुम चाहे इसे
जो भी नाम दे दो
मगर दरअसल
यह तो है
प्रकृति के
बलात्कार की
घटना।

और जैसा कि
प्राकृतिक न्याय के
मामले में, अक्सर
होता है
जुर्म
पूर्वज करते हैं
और परिणाम
बाद की, पीढी को
भुगतना पड़ता है।

यह अत्याचार रोककर
तुम अपनी संतानों को
अकाल-मृत्यु की
सजा से
बचा सकते हो
मगर
सवाल यह है
कि अपनी इस अति को
क्या तुम
कोई, जुर्म भी
समझते हो ?

7. मत कहो

मत कहो,
मत कहो तब तक
जब तक एक भी पेड़ जिंदा है,
फल रहित, निर्पत्र हो चाहे,
नुचे पंख, लंगड़ाती चाहे,
अस्तित्व में अगर,
एक भी चिड़िया है,
थोड़ी-सी भी बची है यदि,
कहीं कुछ नदी,
स्वयं बुभुक्षु, कृशकाय,
स्तनपान कराती पूतों को,
टीस मारती बिवाइयों-सी,
सूखी, दर्राई धरा के,
किसी अदृश्य गह्वर में,
अगर जिंदा है,
एक भी बीज,
मत कहो तब तक ।

मत कहो तब तक,
जब तक कि,

बादलों के अँधेरों से बचकर,
निकल पा रही है,
ऊर्जा की एक भी डोर,
क्षीण, दीन ही सही,
हँसता है कोई बच्चा,
दुनिया के किसी भी कोने,
कुपोषण के कारागार में,
या बच जाती है,
एक टुकड़ा भी जड़,
महामारी की आँधी में उजड़े,
आतंक के दावानल में झुलसे,
या फिर
युद्ध के बड़वानल में विगलित,
अकाल-कवलित,
मनुज तरूओं की ।

मत कहो तब तक,
मत कहो -
कि मानवता का विनाश हो जाएगा,
खत्म हो जाएगी दुनिया,
जीवन समाप्त हो जाएगा,
मत कहो, क्योंकि -
ये मुट्ठी भर माटी,
बादल एक टुकड़ा,
जरा-सी बारिश और,
पिद्दी-सी जड़,

देखते हीं देखते,
कर देंगे जीवंत,
एक अक्षय, कालजयी सृष्टि,
और मानवता लहलहाएगी,
झूमेंगे पेड़,
चिड़िया चहचहाएगी,
मुस्कुराएंगे फिर बच्चे,
दुनिया के कोने-कोने में,
इसलिए, मत कहो,
वैसा कुछ मत कहो,
कभी मत कहो।

8. साहस करना होगा

सुख की हो या दुख की रातें,
सपनों को तुम पकड़े रखना,
हस्तरेखाओं की भीख न लेना,
भाग्य अपना खुद रचते रहना ।

परिश्रम को तुम सखा बनाना,
सत्य करना निज सारथी,
स्वेद से रोली -चन्दन करना
स्वावलंबन से नित आरती ।

पलता गुलाब है काँटों में,
फिर पुष्पराज कहलाता है,
बिना पिए कहाँ कालकूट,
कोई नीलकंठ बन जाता है।

हँसते-हँसते जब साहस,
बलिवेदी पर चढ़ जाता है,
तब जाकर कोई भगत सिंह,
"शहीद-ए-आज़म" बन पाता है।

जब मरते-मरते भी हंता को,
शौर्य क्षमा कर जाता है,
तब जा करके कोई करमचंद,
राष्ट्रपिता कहलाता है।

जब वीर अकेला पर्वत से,
लड़ जाता सीना तानकर,
दुनिया बरसाती फूल है,
तब उसको "माँझी" मानकर,
सचमुच ऐसा कर जाना,
कहने जितना सरल नहीं है,
पीया ना जा सके परंतु,
ऐसा भी ये गरल नहीं है ।

क्षणिक सुखों के दलदल से,
आदर्शों को उपर रखना होगा,
ओ जीवन जय के अभिलाषी !
विषपान का साहस करना होगा ।

9. आज सुबह चाय पीते

आज सुबह चाय पीते, फुर्सत में,
मुझको ये, ख्याल आया,
जरा करूँ हिसाब कि,
अब तक मैंने,
क्या खोया, क्या पाया।

क्या थीं ख्वाहिशें मेरी,
कैसी आशाएँ और,
कैसे-कैसे सपने थे,
इन्हें पाने के लिए,
हकीकत बनाने के लिए,
क्या-क्या भुगतान किया,
कौन-कौन सी पूंजी मेरी
कब, कितनी खर्च हो गई,
जिंदगी की इस तिजारत में,
क्या नफा किया, नुकसान किया।

पता चला कि सब हिसाब,
अब तक का, गड़बड़ है,
चाहिए कुछ और था,
हम कुछ और हीं,
ताउम्र खरीदते रहे,
खुशी जो हर कदम,

बिलकुल मुफ्त में, मयस्सर थी,
सब कुछ लुटा के,
चमक-दमक के अँधेरों में,
उसे हीं खोजते रहे ।

बचपन में दे रट्टा,
खरीदे लॉलीपोप,
परीक्षा परिणाम के,
खेल-कूद भुलाए डंडे ने,
पर याद हो गए,
सब पाठों के मायने,
पता नहीं कब,
किशोरपन गुम गया,
प्रवचनों की भीड़ में,
और जवानी तमाम,
हम जुगाड़ते रहे,
तरह-तरह के आईने ।

अधेड़पन का मकां,
जब फिसल चला है,
जिम्मेवारियों की ढलान पे,
कितना लोट पाऊँगा,
अब मस्ती कि धूल में,
उतर बुढ़ापे की मचान से ।
आज सुबह चाय पीते, फुर्सत में,
मुझको ये, ख्याल आया,
जरा करूँ हिसाब कि,
अब तक मैंने,
क्या खोया, क्या पाया।

10. कैंसर

जब से देखा है मैंने,
तुम्हारे स्याह साये के तले,
सफेद साड़ी में लिपटे,
जीवित कंकाल उस विधवा का,
वह विधवा,
जिसके आँगन में आज भी खिले हैं,
रिश्तों के हर फूल, पति के सिवाय,
सोच रहा हूँ तब से,
बरबस,
बस तुम्हारे ही बारे में,
कि आखिर तुम क्या हो,
क्या हो तुम ?

अनवरत इंतजार का,
चुभता हुआ एक नश्तर,
कि इंच-इंच पास आता,
पंजा मौत का,
छटपटाती विवशता,
शहर-दर-शहर खाक छानने की,
मंदिर-मजारों,

गिरिजा-गुरुद्वारों के साथ-साथ,
चौखट अव्वल अस्पतालों के,
चूमने की,
या हो तुम लाशों के,
जीवित होने की मृगमरीचिका,
क्या हो ? तुम क्या हो ?

पीड़ा और सहन की,
आपसी मूक प्रतिस्पर्धा हो, या,
चिकित्सीय-प्रतिभा और,
इसकी अग्नि-परीक्षा की,
अनसुनी कहानी,
निराशा की अंतहीन अंधेरी सुरंग में,
रेल-सी जिंदगी हो,
कि ईलाज के अर्थशास्त्र से,
परिवार के समाजशास्त्र पर,
खोदी हुई दर्द की,
कोई रिसती हुई दरार,
या जीव के रचने में हुई,
विधाता से इक भूल अन्जानी,
आखिर तुम क्या हो?

इच्छाओं की अकाल मृत्यु हो या
अज्ञातवास खुशियों का,
भ्रूण हत्या सपनों की या

आस्तिकता का आस्था से मोह भंग हो,
या फिर
चटके रिश्तों से निकल रही,
गंधाती भड़ास हो,
अपनेपन के इंतहान में,
रिश्तेदारियों को मिला सिफर हो,
या अपराधबोध हो,
वर्जनाओं के मनमौजी अतिक्रमण का,
अथवा नियति के हाथों,
पराजित जीवन की जंग हो,
बताओ न, तुम क्या हो?

रिश्तों की चौपाल पर,
संपत्ति के बँटवारे की
अग्रिम उठा-पटक,
या मोहल्ले के चैनलों पर,
छिड़ी बहस विरासत पर,
तटस्थ प्रत्यक्षदर्शियों के गालों पर,
आत्मग्लानि के सूखे आँसू
या, मेवा की प्रत्याशा में,
सेवा का भौंडा प्रदर्शन हो,
या हो इच्छा मृत्यु का यक्ष प्रश्न,
कानून के अंधे तराजू पर,
विज्ञान की बेचारगी हो कि
भौतिक तरक्की का बौनापन,
या पुनर्विचार याचिका हो

यम के दंडालय में,
ना जाने क्या-क्या पात्र बने हो,
तुम संबंधों के रंगालय में !

कैंसर ! अरे ओ कैंसर !
क्या तुम एक व्याधिमात्र हो ?

11. भूख

किसी झोपड़ी की भूख – और बात है,
किसी बंगले की भूख – और बात है।

झोपड़ी की भूख राजनीति बन जाती है,
बंगले की भूख राष्ट्रनीति कहलाती है।

एक भूख तो जागती है नहीं खाने से,
दूसरी बढ़ती ही जाती है खाने से।

इक भूख को समाजशास्त्र की आस है,
दूजे को अर्थशास्त्र पर विश्वास है।

इक भूख की हर भूल दण्डनीय जुर्म है,
दूजे के जुर्म छुपा लेना राजधर्म है।

दरअसल –

जिस पेट में पचा जाने का परमतत्व है,
उसी की भूख का राष्ट्रीय महत्व है।

12. विकास

वह विकास है
हाँ ! हाँ !
वह विकास ही है।

उसे सब पहचानते हैं,
मैं भी जानता हूँ,
भला कैसे ना मैं
पहचानूँ उसे ?
तकरीबन रोज ही तो
मिलता हूँ उससे,
चर्चगेट रेलवे स्टेशन पर
और देखता हूँ उसको
खाते हुए गबर-गबर
बड़ा पाव, एग रॉल,
डस्टबिन में फेंके हुए
कचरों से चुनकर,
ना जाने क्यों
कुछ अबोध अर्थशास्त्री
विकास को
भिखारी कहते हैं !

एक टुकड़ा पाव की कीमत
तुम क्या जानो
इकोनोमिस्ट बाबू!

13. जन्मदिन

आजीविका और आश्रय
महामारी द्वारा
लीले जाने के बाद
पर-देश से
अपने देश लौटती
पैदल
एक मजबूत
मगर मजबूर,
गरीब, दलित, मजदूर,
गर्भिणी,
ममतामयी माँ ने
बीच सड़क पर
बच्चा जन दिया ।
और फिर
सोई हुई
कुंभकरणी संवेदनशीलता
अचानक जग गई
शोर मच गया
होड़ लग गई
राजनीतियाँ बजने लगीं

बयानबाजियाँ सजने लगीं
टी० वी० गाने लगा,
सोशल मीडिया रोने लगा
बच्चा मुस्कुरा रहा था
अच्छा !
जन्मदिन पर बधाईयाँ
ऐसे भी दी जाती हैं ?

14. सच्चा सौदा

भूख से हारे
एक मजदूर ने
दो काम किए
पहला -
खुद को बचाया
दूसरा -
अपना भविष्य बचाया
दो सौ रुपये में
उसने
अपना बच्चा
बेच दिया ।

सरकार पेशोपेश में है
बेरोजगारी
भुखमरी या
अवैध व्यापार, परोपकार
या फिर
दान
इस सच्चे सौदे को
किस खाते में लिखे ?

15. दूब का बीज

तुम जब चाहो
यह कर सकते हो,
कि छोप लो
हँसिये से सिर मेरा
कर दो कुट्टी-कुट्टी, और
फिर परोस दो मुझको
क्षुधा शमन के लिए
अपनी पशुता के आगे,
या फिर,
मार डालो रौंदकर
अपने वहशी खुरों तले,
जरा भी द्रवित हुये बिना
इस बात से, कि कैसे
मेरे कोमल गात का
स्पर्श सुख भोगा था
अंगार होते कभी
तुम्हारे तलवों ने,
तुम्हारी आँखों ने, कैसे
अपनी रोशनी बचाने के लिए
पददलित कर डाला था;

भोरे-भोर,
मेरे ओस-सिक्त अधरों को,
तुम्हारी हर पूजा, हर अर्चना में,
अपवित्रता को पवित्र करने में,
जीवन मेरा ही
हवन हुआ है ।

जब चाहा तुमने
तुम यह भी करते आए हो,
कि ज़ोर-ज़बरदस्ती से,
झपट लिया, गिद्ध-बाजुओं से,
और मार डाला,
सर-धड़ अलग करके,
या फिर समूल ही कर दिया,
जलाकर खाक मुझे,
ईर्ष्या की तपिश में, या कभी,
नफरत के फावड़े से,
काट-काटकर,
कर दिया है ज़मींदोज़, अकारण
मुझ निर्दोष को तुमने ।

समय साक्षी है,
कि कैसे भड़काकर,
छोड़ते रहे हो, तुम मुझ पर,
शैतानी ढ़ोर, अपनी हवस के,
नोचने-खखोरने के लिए, मुझे
चला रहे हो सदियों से

सिलसिला अत्याचारों का,
आग दमन की,
बाढ़ तिरस्कार की,
आँधी घृणा की,
खोखली महानता के षडयंत्र
और ना जाने क्या-क्या........
मगर,
एक बात याद रखना,
कुछ समय के लिए भले
दबा लो मुझे,
मगर हमेशा के लिए,
तुम मुझे, नहीं मार सकते,
मेरी हर मृत्यु, जीवित करेगी,
मेरे सदृश्य सहस्र, अजस्र,
मैं कल जीवित था,
आज भी जीवित हूँ
और जिंदा रहूँगा,
कल भी, बदस्तूर,
जब तक कि ये हवा है,
धूप है, पानी है,
धरती और जंगल है,
तब तक, क्योंकि मैं
माटी से जुड़ी,
सबसे आदिम चीज हूँ,
मैं बीज हूँ,
दूब का बीज ।

16. आओ हम प्यार करें

एक प्रभु पिता हमारा,
हम सब उसकी संतान,
आपस में हैं भाई-भाई,
हम एक दूजे की जान,
आओ हम प्यार करें !

मिल-जुलकर की मशक्कत,
पेट भर गए हमारे, फिर
मैंने अवतारी मुखिया किए,
पैगम्बराना सरदार तुम्हारे,
अब अलग घर-बार करें !

तेरे सपने गंगा-यमुना,
ख्वाब हमारे चाँद-सितारे,
तुमने जोड़े मस्जिद-मंदिर,
हमने गिरिजा-गुरुद्वारे,
अब इस पर तकरार करें !

कोरी बाईबिल, कोरा हदीस,
पोली गीता, पोला कुरान,

सड़ते धर्म और मजहब बासी,
आधे रहीमा, आधे राम,
चलो इन्हें हथियार करें !

सत्य-शिवम-सुन्दर सबका,
क्यों ना अंगीकार रहे ?
जो भी थोड़े अलग-से हों,
उनका भी सत्कार रहे,
चलो सोच विचार करें।

17. आवारा कुत्ता

समाजशास्त्र को दी गई
अर्थशास्त्र की यह
कैसी सजा है ?
सितारों को जाती दीवार पर
बाहर लटकता
हांफता हुआ ए०सी०
जलता है
चिलचिलाते जेठ में
और अन्दर के राजस्थान में भी
कश्मीर का मजा है !

काश ! काश कि आज
आदमी को खोया हुआ उसका
इंसान मिल जाता !
शायद, इसलिए
यह जरूरी है – कि
कम कर दी जाय
खत्म कर दी जाय –
यह जो
गेहूँ और गुलाब के बीच

सड़ांध और स्वर्ग जैसी
दूरी है, क्योंकि
ऐसा नहीं है, कि
सिर्फ तीसरी मंजिल वाले को
सड़क पर चलता हुआ आदमी
बौना लगता है;
सड़क के आदमी को भी
तीसरी मंजिल पर खड़ा शख्स
बौना ही दिखता है।
इसलिए, शायद हताशा में
कभी-कभी असंतुलन
ऐसा भी सबूत देता है –
चमचमाती हुई कार पर
कोई आवारा कुत्ता
टांग उठाकर
मूत देता है।

18. आने दो – जाने दो

सुख के फूल, दुख की बारिश,
आशाओं के भौंरे हों,
जिंदगी में सभी तरह के,
मौसमों के दौरे हों,
आँधियों का आना-जाना,
इन मंज़रों का पैरोकार है।

अपनी मंज़िल का रास्ता,
बाजाब्ता तुम्हें मालूम रहे,
कश्ती तुम्हारी सब माफिक,
हर सफर के माकूल रहे,
लहरों के वजूद पर हीं,
तेरी तरक्की का दारोमदार है ।

आँधियों को अपना दुश्मन,
तुम कभी मत मानना,
तूफानों को राह का रोड़ा,
ना कभी तू जानना,
तेरी शख्सियत चमकाने वाले,
ये तेरे ताबेदार हैं ।

इनसे मुहब्बत करने का,
सलीका मुझे बताने दो,
जब आएँ, जितना आएँ,
आने दो, जाने दो,
मुक़ाबिल फकत ये,
चंद लम्हों के सिपहसलार हैं।

19. बिटिया

बिटिया आई, लक्ष्मी आई,
चेहरों पर नकली, खुशियाँ छाईं।

हाथी-घोड़ा, पालकी,
इच्छा थी इक, "लाल" की।

जॉनी, जॉनी, यस पापा,
बिटिया होना, जुर्म बड़ा-सा।

घो-घो रानी, कितना पानी ?
दस की हो गई, छोड़ नादानी।

लकड़ी की काठी, काठी पे घोड़ा,
चौके में हाथ, बंटा दे थोड़ा।

ट्विंकल-ट्विंकल, लिट्ल स्टार,
मुन्ने को भी, कर तैयार।

गुड़िया रानी, बड़ी सयानी,
हो गई शादी, खत्म कहानी।

मछली जल की, रानी है,
फिर आँखों में क्यों, पानी है ?

20. प्रीत चाहिए

हरा कर मिले किसी को
ना ऐसी जीत चाहिए,
जीयें आप, जीयें हम भी,
ऐसी रीत चाहिए ।

बसंत में बहार तो
आती है खुद-ब-खुद,
खिला दे मन पतझड़ों के
वो मीत चाहिए ।

झुला दे गमों को भी
हसीन खुशियों के झूले,
सबके तन-मन झुमा दे,
वो गीत चाहिए ।

सुना के नदी को सुलाए
झरना, समंदर के बिछौने,
बिन पायल, बिना घुँघरू
वही संगीत चाहिए ।

नफ़रतों का दूर तलक
न हो कोई, नामो-निशां,
न तफरके, ना रंजिशें,
बस प्रीत चाहिए ।

21. हाय रे दिल (हाईकू)

रात अँधेरी
घनघोर निराशा
तारों-सी आशा

झींगुर गीत
हवा सनन सन
बजा संगीत

जुगनू दीप
चम चमक चम
हार गया तम

जागा सूरज
लेकर अंगड़ाई
भोर हो आई

झाँकती छुप,
पात छनके धूप,
क्या नज़र है !

घन घना-सा
तुम कहाँ हो स्वाति ?
चातक प्यासा

सूरज, चंदा
मिलन पर लागा
ग्रहण फंदा

बदरी की रू
दिखती वो जो देखो
अँखियाँ सेंकों

यौवन गर्मी
पिघल गए सब
अधर्मी, धर्मी

रूप दरीचा
ता पे प्रेम कंदील
हाय रे दिल !

22. मैं कितना खुशनसीब हूँ

रोज सुबह खिड़की पर आकर,
खुद सूरज मुझे जगाता है,
कितना सोएगा, उठ भी जा,
गरमाता-धमकाता है,
मैं कितना खुशनसीब हूँ।

मैं कितना खुशनसीब हूँ,
आँख खोलते हीं खिड़की से,
दर्श हरियाली के हो जाते हैं,
मौलसरी, काठगुलरिया, पीपल,
इशारों में हाथ हिलाते हैं ।

कबूतर अपनी गुटरगूँ में,
राग ललित मुझे सुनाते हैं,
तोतों की तोड़ी, काग-भैरव,
हर सुबह रूहानी बनाते हैं,
मैं इतना खुशनसीब हूँ ।

हवा हौले से घुसकर सारा,
आलस झाड़ ले जाती है,

दूर से आती ट्रेन की घर्र-घर्र,
काम की याद दिलाती है ।

काम जगा देता है भूख,
हर चीज जी को भाती है,
काम देता तन की थकन,
बड़ी गहरी नींद आती है,
मैं कितना खुशनसीब हूँ ।

23. मैं फिर से पेड़ लगाना चाहता हूँ

मुझे छाँव अच्छी लगती है
ममता की, पेड़ की, सुकून की
सबको हीं अच्छी लगती रही है;
फिर न जाने क्या हुआ
हमने हाथ गहे स्वार्थ के कुल्हाड़े
और देखते हीं देखते
पूरा का पूरा शहर, बंजर हो गया
मैं खुद को बचाना चाहता हूँ
सो इस मतलबी शहर में
बेमतलब के
कुछ पेड़ लगाना चाहता हूँ।

रंग-बिरंगे फूल-पत्ते, चहचहाते पंक्षी,
मुझे भी बहुत भाते हैं
बड़ा ही सुकून देते हैं ये
मेरे मन-ओ-मिजाज़ को,
और यह हरियाली तो
भर देती है मेरे तन-मन में,
एक ऊर्जित प्रफुल्लता आदिम-सी,
इसलिए मैं उगाना चाहता हूँ

हरी-भरी घास चारो ओर,
इस शहर में - उस शहर में
जहाँ दिल कम हैं, दीवारें ज्यादा
जहाँ सर ज़्यादातर दिखते हैं
थके-थके-से, झुके-झुके-से
आँधी में, तने से टूटे हुए
पपीते के पेड़-से,
और इमारतें कहकहे लगाती हैं,
ऊँची, ऊँची और ऊँची उठके,
पसरती जा रही है चारो ओर,
एक स्याह-सी चादर, बहुतेरे छेदों वाली
हैवानियत, लोलुपता, वासना की
और हैं कुछ बदरंग पैबंद,
दमित इच्छाओं के, आकांक्षाओं के,
लीलती जा रही है यह चादर
सहज प्राप्त छोटी-छोटी खुशियाँ
लपलप, लपलप, लपलप
जैसे लीलता है कोई बनैला गिरगिट,
निरीह, निश्छल पतंगों को,
बिकता है यहाँ पानी
(आँखों का तो कब का बिक चुका)
नमी रही नहीं
फैलें तो जड़ें फैलें कैसे?
मैं पेड़ लगाऊँ भी तो लगाऊँ कैसे?

पर मैं हार नहीं मानूँगा,
मन के निजी छज्जे पे,
बचा रखी है मैंने
एक एकाकी गमले में
थोड़ी-सी स्नेह की माटी,
मुट्ठी भर सही इसमें लेकिन,
मैं हरियाली जरूर उगाऊंगा,
क्या पता कब बन जाए यही परिपाटी
और जी जाए मरती हुई छाँव
इसलिए, केवल इसलिए,
संवेदनशून्य कंक्रीटों के बीच
जहाँ भी दिखती है, जरा भी जमीन
वहाँ तलाशता हूँ संभावनाएँ,
मैं संवेदना की सूखती जा रही जमीन को
एक बार नहीं, दो बार नहीं,
बार-बार आजमाना चाहता हूँ,
मैं फिर से पेड़ लगाना चाहता हूँ।

24. धुंध

धुंध
एक साजिश है
विचार और चिंतन को,
कीलित करने की
सीमित करने की
रोशनी और दृष्टि को,
ताकि छुपाया जा सके
सर्वसुलभ सृष्टि को।

धुंध
एक कुचेष्टा है
हर इतर रंग को
निज रूप बनाने की
अंधा कूप बनाने की
संस्कृति की महानदी को
ताकि मंडूक किया जाय
प्राणीश्रेष्ठ आदमी को।

धुंध
एक योजना है

हर ज़िंदा दृश्य को
अदृश्य करने की
बोलते-गाते कथन को
अकथ्य करने की
हँसते-नाचते मंच को
नेपथ्य करने की।

धुंध
एक षड्यंत्र है
हाथ और खेत के खिलाफ
साथ और मेल के खिलाफ
आदमी से आदमी के
प्रेम के खिलाफ

ऐ इंसान, सावधान !
धुंध पसर रही है।

25. एम्बुलेंस

एम्बुलेंस में
बेहोश पड़ी हुई मानवता
गिन रही है अपनी
आखिरी साँसें;
संवेदनाओं के चिकित्सालय तक
पहुँचने के वास्ते
हटो-हटो, जाने दो,
हूटर बजाती हुई
चल रही है एम्बुलेंस;
सब जानते हैं -
मानवता एम्बुलेंस में है,
सब मानते हैं -
एम्बुलेंस को रास्ता
देना ही चाहिए,
लेकिन, हाय रे,
दुनियादारी के थके चेहरे !
असंख्य चाहतों की दौड़ ने
तुम्हें अपाहिज कर दिया है,
'मैं-मैं' की आदत ने तुम्हें
बहरा बना दिया है

स्वकेंद्रित रोशनी की लत ने
अंधा कर दिया है,
एम्बुलेंस ? मानवता ??
परवाह कौन करता है !
अरे ओ पत्थर के पुतले !
तुममें आस-पास भी
देखने, सुनने, महसूसने की
संवेदना नहीं बची,
और तुम ही
कल पहली फुर्सत में
चीखोगे, चिल्लाओगे,
कोरस गाओगे -
अब मानवता कहाँ बची है !
मानवता मर चुकी है !

26. पारिवार में रिश्तों की तरह

मेरे बुकशेल्फ में रखी हैं
किताबें, तरह-तरह की,
कुछ दिल के बेहद करीब
जिन्हें मैं अक्सर पढ़ता हूँ,
जी करता है, पढ़ता रहूँ,
कुछ ऐसी हैं जिनको मैं
कभी-कभार पढ पाता हूँ
हालाँकि वो भी अच्छी हैं,
कुछ तो ऐसी भी हैं जिनकी
भाषा बड़ी दुरूह है,
पढ़ता हूँ, समझ नहीं पाता
कुछ के लेख हैं बड़े
रूखे-रूखे-से, नीरस
जब भी पढ़ा है उनको
पढ़कर पछताया हूँ, और
कुछ को तो चाहकर भी
पढ़ नहीं पाया आज तक;
कुछ किताबें हैं प्रवचनों की
कुछ में समयकाटू कथाएँ हैं
रहस्य से भरपूर हैं कुछ,
कुछ में संवेदनशील कविताएँ हैं।

मेरे बुकशेल्फ में रखी हैं
किताबें, तरह-तरह की,
पारिवार में रिश्तों की तरह ।

27. दिल ने पढ़ाई की

दिल ने
पढ़ाई की
परिवार की
प्राथमिक पाठशाला में
समाज के
मध्य विद्यालय में
समझदारी के
महाविद्यालय और
दुनियादारी के
विश्वविद्यालय में;
दिल ने
रोज पढ़ाई की
खूब जमकर
पढ़ाई की
और दखते ही देखते
दिल
पढ़-लिखकर
दिमाग बन गया।

28. मौन संवाद

जंगल
उजाड़े जा रहे हैं
पेड़ खामोश है,
पहाड़
ढाहे जा रहे हैं
पत्थर चुप है,
धरती
खोदी जा रही है
मिट्टी मूक है,
नदियाँ
बाँधी जा रही हैं
पानी मौन है,
इस मौन को
मजबूरी
मत समझना;
इस मौन में
संवाद की
अथाह क्षमता है,
यह मौन
पहले

संवाद करता है
संकेतों में
फिर गूंजता है
श्रृष्टि में
और
पृथ्वी साक्षी है
जब-जब गूंजा है
यह मौन
सभ्यताएँ
ज़मींदोज हो गईं हैं
सदियों के लिए।

29. गूंगे गीत

रू पर हँसी है जी में घाव बहुत है,
आज नजदीकियों में दुराव बहुत है।

तन के उघाड़ में ढँकी हैं कई चाहतें,
इस दिखावे में भी छुपाव बहुत है।

तटबंध वर्जनाओं के बड़े ऊँचे-ऊँचे,
चाहतों के फिर भी रिसाव बहुत हैं।

दिल की किताबें हैं खुलीं गली-गली,
ढाई आखर का लेकिन अभाव बहुत है।

धोखों ने पहन लिए चेहरे अपनों के,
खंजरों को पीठ से लगाव बहुत है।

मंजिल गाँव-सी मेरी सीधी-सरल-पास,
मगर पगडंडियों में घुमाव बहुत है।

उम्र का कारवां उस इलाके भी जाएगा,
सफ़र के मुकाबले जहाँ पड़ाव बहुत हैं।

मेरे गूंगे गीतों की आँखें हैं डबडबाईं,
मूक वाणी में लेकिन प्रभाव बहुत है।

30. मत पूछो

चोट-ठोकर की बात, मत पूछो,
दी किसने यह सौगात, मत पूछो ।

आँखों को पढ़ लिया आँखों ने,
फिर हुई जो बरसात, मत पूछो ।

हुए रूबरू किनारे जैसे दरिया के,
रही कैसी मुलाक़ात, मत पूछो ।

सुनाती रही किस्से तन्हाई चाँद को,
कितनी लम्बी थी रात, मत पूछो ।

लगा लिया जूड़े में उसने नया फूल,
अंत है कि आरम्भ, मत पूछो ।

चाहो तो पूछ लो सारे जहान की,
इक दिल की बात, मत पूछो ।

31. बताए किसको

गम खुद का बताए तो बताए किसको ?
दिल खोलकर दिखाए तो दिखाए किसको ?

कातिल कोई गैर नहीं उसका ही सगा है,
लाश बताए ये राज तो बताए किसको ?

मौज लूटते हैं महल अब रूदाली बनकर,
लगाए झोपड़ी गुहार तो लगाए किसको ?

एक दफ्तर में रहते हैं कई-कई भगवान्,
भोग चढ़ाए भी कोई तो चढ़ाए किसको ?

हुई रोशनी खुल गया दरवाजा कफस का,
रटाए जुमले सैय्याद तो रटाए किसको ?

32. प्यास

प्यास को अब ऐसे मिटाया जा रहा है,
हलाहल धीरे-धीरे, पिलाया जा रहा है।

घुप्प अँधेरों को बताकर नई रोशनी,
आँखों पर चश्मा, चढ़ाया जा रहा है।

यह कैसी पाठशाला है, कैसी किताबें ?
परिंदों को दरिंदा, बताया जा रहा है।

ना तुम भाई ना हम दोस्त किसी के,
घर अब ऐसा ही बसाया जा रहा है।

वक़्त गुजरा पर बदला नहीं आज भी,
गरीबी नहीं गरीब, हटाया जा रहा है।

पहले हमराही, फिर रहनुमा, अब आका,
रूप बदलकर ढोर, चराया जा रहा है।

33. दोस्त मुश्किल से मिलते हैं

अक्खड़, फक्कड़, आवारा हर चाल के रखिए,
दोस्त मुश्किल से मिलते हैं संभाल के रखिए ।

अब दुश्मन नहीं निभाते हैं ढंग की अदावत,
कुछ साँप भी आस्तीनों में पाल के रखिए ।

अच्छा होता है बस म्यान दिखाकर धमकाना,
हर बात पे तलवार मत निकाल के रखिए।

सजगता हटी घटना घटी शह-मात की चौपड़ पे,
भविष्य हेतु भूत औरों का खंगाल के रखिए।

हर चौक, हर चौराहे पर बसते हैं महाज्ञानी,
अंगुलियाँ अपने कानों में डाल के रखिए ।

कितने तालाब, ताल-तिलैये तौलोगे तराजू पे,
ना समझ आए तो पानी उबाल के रखिए।

बड़ी चालू चीज है चाँद जाने कब धोखा दे दे,
महफ़िल में चिराग भी कुछ बाल के रखिए।

34. आदमी

बड़े अजीब दौर से गुजर रहा है आदमी,
जीने के लिए रोज मर रहा है आदमी।

ऊँचाईयों पर काबिज होने की हवस में ,
ग़ज़ब नीचाईयों पे, उतर रहा है आदमी।

आज पुलिस और पिस्तौल होते हुए भी,
डर की परछाईंयों से, डर रहा है आदमी।

अपनी ही अर्थी, अपने जनाजे के लिए,
नहा-धोकर देखो, संवर रहा है आदमी।

गाँव हो गई दुनिया, वसुधैव कुटुम्बकम,
आदमी से लेकिन, बिछड़ रहा है आदमी।

देखा-देखी की दौड़ में फिजूलखर्ची ठोकर,
उस पर भी कहाँ ठहर रहा है आदमी।

पेट काटता है उधर मूर्ख, मजलूम कोई,
इधर जेब होशियार, भर रहा है आदमी।

सबसे प्रज्ञावान प्राणी, है आदमी धरा पर,
जाने फिर क्यों ऐसे, कर रहा है आदमी !

35. आज के उजाले

लोग जबसे कोट में गुलाब लगाने लगे हैं,
कागजी फूल भी बहुत भाव खाने लगे हैं ।

काँटों के हुस्न की गवाही तो उनसे पूछिए,
अपने घरों में जो कैक्टस सजाने लगे हैं ।

सदके जाऊँ मैं उनकी भूख और हाजमे के,
सड़क के साथ अब पुल भी खाने लगे हैं ।

कोई तो है बेबसी इंसाफ के तराजुओं की,
आँख मूँदकर गीत कुर्सी के गाने लगे हैं ।

दरारों में फँसकर फड़फड़ाती हैं जिंदा लाशें,
नफरत के गिद्ध नक्शे पर मँडराने लगे हैं ।

" भाव पर भारी है अर्थ " का भावार्थ देखिए -
"लोग एक दूसरे को टोपी पहनाने लगे हैं" ।

दम घुट रहा है तहजीब-ओ-बुजुर्गियत का,
बच्चे सामने ही धुआँ अब उड़ाने लगे है ।

गुजश्ता अँधेरों की बड़ी जुस्तजू है मुझको,
आज के उजाले तो बेतरह डराने लगे हैं ।

36. दिल हो तो जरा-सा आवारा भी हो

इश्क हो तो बदनामी गवारा भी हो,
दिल हो तो जरा-सा आवारा भी हो।

जुल्फ़ है तो घटाओं-सा लहराने दो,
लब हैं तो लरज़ के इशारा भी हो।

गुनाह है इश्क तो मैं गुनेहगार हूँ,
भूल है तो ये भूल दोबारा भी हो।

हुए गुल क्या अगर कभी महके नहीं,
चाँदनी हो तो उसमें अंगारा भी हो।

लहर है तो समंदर को आगोश कर,
है कश्ती तो कोई किनारा भी हो।

फिर गर्दिश भी हँसकर गुजर जाएगी,
बुलंद पहले अपना तो सितारा भी हो।

शीशा बनकर भी जीना क़ुबूल है मगर,
शुमार पत्थरों में नाम तुम्हारा भी हो।

एक दिल है मैं वो भी लुटा सकता हूँ,
लुटेरा दिल का कोई तो हमारा भी हो।

37. इश्क़ नहीं यूं हीं अफ़साना होता है

आँख रोए मगर दिल को मुस्काना होता है,
दिल कोई तब जाकर दीवाना होता है।

मुहब्बत की लगे लौ तो बेसुध होता तन-मन,
आशिक रहके अपनों में बेगाना होता है।

पर्वत है ग़मों का ये आँसुओं का समन्दर,
दर्दे दिल को दिल हीं में दबाना होता है।

जुर्म कोई नहीं है पर हो जाती है सजा,
मोहब्बत को ज़माने से छुपाना होता है।

बामुश्किल मिलती है मुहब्बत को मंजिल,
आशिक़ दिल को ज़माने से टकराना होता है।

इश्क़ हो तो माथे पर कफन को बाँध लो,
उल्फत को मरकर भी निभाना होता है।

हँसते-हँसते पी लेता है क़यामत का ज़हर,
इश्क कोई नहीं यूं हीं अफसाना होता है।

38. जवानी

कदम-कदम पर बहुत इसकी मनमानी हुई,
धुएँ में उड़ा दिया जो कभी कोई परेशानी हुई।

भर दिन सोए कभी मस्ती की चादर तानकर,
घूमा किए रात भर कभी तन पे जुगनू डालकर।

कैद आँखों में कर लिए सलमा सितारों के सपने,
बुलंद मंज़िलें दिखा दी आवारा ख्वाबों को अपने।

तोड़कर चाँद-तारे जुल्फों में सजा भी सकता है,
ठान ले तो आग पानी में लगा भी सकता है।

नशा उतरता ही नहीं जल्दी एक ऐसा ज़ाम है,
दिया इस दुनिया ने इसको जवानी का नाम है।

मिलने-बिछड़ने की अगर ना कोई कहानी हुई,
तो फिर जवानी भी वो क्या जवानी हुई !

39. कब तलक ?

महल ताश के पत्तों का सजाए रखोगे कब तलक ?
हरियाली कागजी फूलों से बनाए रखोगे कब तलक ?

काठ की हांडी आंच पर चढ़ाए रखोगे कब तलक ?
मुँह रेत में शुतुरमुर्ग-सा घुसाए रखोगे कब तलक ?

अगर चुप हैं तो किताबों को बेजुबां मत समझो,
बोलने लगीं तो आवाज़ दबाए रखोगे कब तलक ?

तलवार की इज्ज़त करो न करो कलम की करो,
इंक़लाबी ख्यालों को बंदी बनाए रखोगे कब तलक ?

नहीं मुमकिन है किसी हकीकत को झुठला देना,
अँधेरों में रोशनी को छुपाए रखोगे कब तलक ?

40. मुखौटे बनाम आईने

बदल गए उसूल, उसूलों के मायने,
मुखौटों से डरने, लगे हैं आईने।

झूठ का तमाशा, फरेब का मेला,
मुखौटों की भीड़, आईना अकेला।

और क्या होगी, इंसानियत कमतर,
मुखौटा चलाए पत्थर, आईने पर।

टूटे आईने की, लग गई आह,
मुखौटे के सर, सिकंदर की चाह।

साँसे, सपने सब, चाहे काबू में,
तौले तराजू भी, मुखौटा तराजू में।

टूटना, बिखरना, आईने का कवच,
जितने अधिक टुकड़े, उतना ही सच।

41. विरोध मत करना

राह कठिन है बहुत खड़ा और अवरोध मत करना,
सिर्फ विरोध की खातिर कोई विरोध मत करना।

झुक गई गर्दन तो मृत्यु है भावी सहस्र पीढ़ियों की,
कभी भी डर कर कोई चुनाव निर्विरोध मत करना।

लगा है घावों का मेला पहले ही दिल की धरा पर,
दुकान दर्दों की सजाने का और अनुरोध मत करना।

सदैव ही चाहते हैं खिलना सुमनों की दिली इच्छा है,
सौगंध है सुरभि की बसंत का प्रतिरोध मत करना।

दिल से निकलेगी जो बात दिल तक पहुँच ही जाएगी,
मुख से कहना ही हो तो भाषण दुर्बोध मत करना।

घृणा बंधी हुई है खूंटे से मगर प्रेम तो निस्सीम है,
मासूम मुस्कुराहटों की कसम कभी क्रोध मत करना।

42. अच्छा भला आदमी था

खुद तमाशा खुद ही तमाशबीन हो गया,
मानो झूमता साँप खुद ही बीन हो गया।

ख्वाहिशों का सैराब हासिल करने की होड़,
अच्छा भला आदमी था मशीन हो गया।

आराम की तलब ने बनाई गुलाम मशीनें,
फिर मालिक ही गुलामों के अधीन हो गया।

किया है जरूर किसी ने कोई संगीन कुसूर,
वर्ना आलम इतना क्यों ग़मगीन हो गया।

धमकाया है जबसे मुझको झूठे रंगदारों ने,
शोलों पर चलने का मैं शौकीन हो गया।

दिल मिलाओ गले लगो फेंकों उतार गुरूर,
देखो क्षितिज पर आसमां ज़मीन हो गया।

43. आसान नहीं होता

कभी याद रख लेना आसान नहीं होता,
कभी भूल जाना आसान नहीं होता।

उलझन दरिया हो तो मन-कश्ती का,
पार उतर जाना आसान नहीं होता।

हँसना महफ़िल की जरूरत है लेकिन,
रोते-रोते गाना आसान नहीं होता।

दुनिया को सभी समझा लेते हैं मगर,
खुद को समझाना आसान नहीं होता।

आसान है पढ़ लेना चेहरे की इबारत,
दिल पढ़ पाना आसान नहीं होता।

कुछ लोग सड़क-पुल खाते हैं क्योंकि,
ईमानदारी पचाना आसान नहीं होता।

44. ऐतबार रखना

मौसम है पतझड़ों का दिल में बहार रखना,
नफ़रत की आँधियों से बचाकर प्यार रखना।

सियासत में होती है जुदा जंग की सूरत,
यहाँ चेहरे हैं मुखौटे नज़र तलवार रखना।

इंसान हो सरल तो अहमक समझती है दुनिया,
मसले सहल हों चाहे बातें पेंचदार रखना।

हुआ है ना होगा ही पत्थरों को दिल कभी,
करे क्यों परसतिस क्यों सरोकार रखना।

चर्चा होगी कारवाँ की गुबार देखने के बाद,
जिन्दगी हो चाहे जैसी मौत यादगार रखना।

पहेली है कोई मुश्किल तो वह इंसान है,
समझ लेने का इसको मत अहंकार रखना।

45. हरगिज़ ना बसाते दिल की बस्ती में

आग लगाने को तू चाहे जिधर निकलेगा,
देखना वो घर तुम्हारा ही घर निकलेगा।

पीना-पिलाना ही है तो मुहब्बत चुनो,
फिर जुबां से कभी ना ज़हर निकलेगा।

ख्वाब में भी बेगुनाहों को थी ना खबर,
कानून ही क़ातिल का पक्षधर निकलेगा।

बाँट दिए मोहल्ले मत बाँटना दिलों को,
डूब जाओगे गम का समंदर निकलेगा।

हम पूजते रहे जिसको देवता समझकर,
क्या पता था फकत वो पत्थर निकलेगा।

बसाते न हरगिज उसे दिल की बस्ती में,
जो जानते बेदिल वो इस कदर निकलेगा।

46. दोहरी जिंदगी

मुहब्बत के मौसम में बन्दगी अच्छी नहीं है,
कच्ची उमर में बहुत संजीदगी अच्छी नहीं है।

हवा-हवाई रहे ज़मीं पे कभी उतर ना सके,
मंसूबों की ये भी परिन्दगी अच्छी नहीं है।

घर में माँ-बहन से आँखे मिला ना सको,
बाहर ऐसी भी दरिन्दगी अच्छी नहीं है।

बोलते कुछ और हो करते हो कुछ और,
इस तरां की दोहरी जिंदगी अच्छी नहीं है।

बुद्ध, महावीर, राम-नानक की धरती है ये,
यहाँ जाति मज़हब की गन्दगी अच्छी नहीं है।

47. हर गली में घायल मिल गया

पोले बादलों को नाले-गड्ढों का जल मिल गया,
बादलगीरी बनाए रखने का अच्छा छल मिल गया।

प्यासी आशाओं ने फैला रखी थी याचना की अंजुरी,
वादा तो अमृत का था लेकिन गरल मिल गया।

गरीब आँखों को हकीक़त हैं मृग-मरीचिकाएँ हजार,
झोपड़ी में जन्नत कुँए में गंगाजल मिल गया।

हम भटका किए नदी-नदी, तालाब भी, पोखर भी,
कुछ कमनज़रों को सहरा में ही कँवल मिल गया।

कोई बरसा गया है इस कदर मज़हब का ज़हर,
हरेक दिल में नफ़रत का दल-दल मिल गया।

मैं रोता था अपनी कहानी अपने ही ज़ख्मों को,
बहार झाँका तो हर गली में घायल मिल गया।

48. रखा क्या साहिल में है

क्यूँ सोचता है इक तू ही मुश्किल में है,
कुछ ना कुछ यहाँ दर्द हरेक दिल में है।

ये मस्ती नहीं मजबूरी है घुंघरूओं की,
चोट खाना है नाचना भी महफ़िल में है।

जीना-मरना इक अजब-सी पहेली है दोस्त,
सफ़र में जिंदगी और मौत मंजिल में है।

पिला दिया है ज़हालत ने ज़मीर को ज़हर,
इन्सान सरपरस्ती अब ढूँढता कातिल में है।

बनना चाहते हो तूफां अगर खेलो समंदर में,
रेत-कंकड़ के सिवा रखा क्या साहिल में हैं !

49. दिल की किताब

मैं अपने दिल में दिलों की इक किताब रखता हूँ,
इसमें हरेक फूल, हर कांटे का हिसाब रखता हूँ।

तुमको दिखाई देता है फकत मेरे चेहरे पर पत्थर,
कभी मेरी आँखों में झाँको इनमें चिनाब रखता हूँ।

जब भी मिलेंगे लब मेरे तुम्हें तो मुस्काते मिलेंगे,
मैं दुःख पर्दे में खुशियों को बेहिजाब रखता हूँ।

दिल की देहरी पर कभी नफ़रत कदम रख ना सके,
अपनी मोहब्बत में मैं इतना तो इताब रखता हूँ।

किसी दिलवाले पागल से मिलना है तो हमसे मिलो,
इस शहर में इक मैं हूँ जो यह ख़िताब रखता हूँ।

50. क्यों उदास होता है ?

क्यों उदास होता है तू किस बात का तुझको रोना है?
टूट जाना तय है रे यह तो माटी का खिलौना है।

जीत तुम्हारी इसमें है तुम जी भरकर खेलो खेल,
थक-हारकर इक रोज तो फिर सबको ही सोना है।

रात-दिन, अमावास-पूनम काल की नित गति-मति,
धूप-छाँव में हँसता-रोता धरती का हर कोना है।

रीते हाथ ही आए थे यहाँ मिला जो बहुत मिला,
लाए थे कुछ नहीं फिर डरते क्यों हो खोना है ?

दुःस्वप्न-सा बिसरा दो जो खोए या कि बिछड़ गए,
बचा पास है जो कुछ आखिर उसको तो संजोना है।

नीले-पीले, काले-लाल सुख-दुःख पाटल रंग हजार,
उसे मिले जयमाल जिसने सीखा इन्हें पिरोना है।

51. तय है

यहाँ आना, चमचमाना, चले जाना, तमाम तय है,
हर इक सहर का हो जाना यहाँ शाम तय है।

कोई कश्ती, लहर कोई, कोई तूफां, नाखुदा कोई,
आलमे फ़ानी में हर शख्स का इक नाम तय है।

उठा तूफ़ान तो कत्ल हो गईं कई कश्तियाँ मासूम,
हवा फ़रार दरख्तों में समंदर पर इल्ज़ाम तय है।

सबके नाम है सागर, सबके नाम की शराब भी है,
किस तरां पिलाएगी साकी और कितना, जाम तय है।

घरौंदे के फन्न-ए-तामीर पर करना मत गुरुर कभी,
कोई लम्हा, लहर कोई और आख़िरी अंजाम तय है।

मछली क्या शंख-सीपी, क्या मोती और रेत क्या,
बिकते हैं सब यहाँ सबका अपना दाम तय है।

52. होठों पर आ ही जाए तो

मन की नदी के धार भी कभी बह लेना चाहिए,
होठों पर आ ही जाए तो सच कह लेना चाहिए।

पांव और मन को फैलाने की कोई हद नहीं होती,
चादर मगर हो जितनी उसी में रह लेना चाहिए।

खुद की नैया पार लगेगी, केवल खुद के हिम्मत से,
हर कदम पर नहीं किसी का अनुग्रह लेना चाहिए।

सुख-दुःख तो ठहरे बस जीवन दरिया के दो किनारे,
गमों और खुशियों को एक ही तरह लेना चाहिए।

53. जिंदगी

ताज पल में है पल में है धूल जिंदगी,
किसी-किसी को मयस्सर है फूल जिंदगी।

वो और हैं जिनकी राहें हैं नर्म मखमली,
मुझे तो चुभती है अक्सर हीं शूल जिंदगी।

मैंने भी सींचा है अपने लहू से चमन,
हुई गुल सबको, क्यूँ हमको बबूल जिंदगी।

कई किरदार रचे तुमने मरक़जे-महफिल,
बनाके छोड़ गई हमें क्यूँ बनफूल जिंदगी।

वक्त देता जो कोई नाखुदा, कश्ती कोई,
मेरी भी होती लहरों के माकूल जिंदगी।

जमाना लूटे दौलत मैं भागूँ प्यार के पीछे,
वाईज कहे और मत कर ये भूल जिंदगी।

संदूक खाली कुछ सपने, कुछ तजुर्बे हैं,
कैसे कह दें गुजरी है फिजूल जिंदगी।

54. अब पहले जैसी बात कहाँ

दिल का सीसा चटक गया,
अब पहले जैसी बात कहाँ,
वही चाँद है, वही सितारे,
पहले जैसी रात कहाँ !

मुलाकातें अब भी होती हैं,
ज्यों ढाल मिले तलवार से,
नजरें तो अब भी मिलती हैं,
बेरहमी उस किरदार से,

मुखमण्डल पर पतझड़ है,
अब वो बाग निशात कहाँ,
वही झील है, वही घटाएँ,
पहली-सी बरसात कहाँ !

जब-जब देखूँ उसे अकेले,
जोर मारती दिल में चाह,
मन करता है टोक हीं दूँ,
इक दिन उसको चलती राह,

उसके भी दिल आते हैं,
अब ऐसे ख्यालात कहाँ,
वही शख्स है, वही शख्सियत,
पहले-से जज्बात कहाँ !

खबर अनबन की फैल गई,
सब मित्र-अमित्र दरबारों में,
दृष्टिदोष से पीड़ित भी अब,
झाँक रहे दरारों में,

मन सब के बस जाए फिर,
तेरी-मेरी वो तस्वीर कहाँ,
वही हाथ हैं, वही लकीरें,
पहली-सी तकदीर कहाँ !

माना सुर कुछ भटक गए,
पर धुन अब भी वो खास है,
वही गीत, संगीत वही फिर,
गूंजेंगे विश्वास है।

55. पोर-पोर दर्द दे गई पुरवाई

फ़िज़ाओं ने ली ऐसी अंगड़ाई,
पोर-पोर दर्द दे गई पुरवाई,

तेरी यादों के जख्म हुए ताज़े,
जार-जार रो उठी तन्हाई,

धरती ने पहनी जो धानी चुनर,
बहुत याद आई तेरी तरुणाई,

हार गए दिल वो मेरे दिल पर,
गुरूर की चली नहीं चतुराई,

हँसी है तुम्हारी ऐसी दिल-नशीं,
चमन की कली हर मुस्काई,

गुल तेरी हँसी के झड़े राह में,
अब काहे की काँटों की कठिनाई,

तेरे नैनों में डूबे हम इस तरां,
लज़ा गई दरिया की गहराई,

भोर होते बिछड़ गए चाँद-चाँदनी,
विरहा गाने लगी रात-शहनाई।

56. चलो प्रेम को दे दें क्षितिज इक नया

तूने फेंका जो नैनों से प्रेम की डोर,
मैं तो खिंचता चला ही, गया तेरी ओर।

तेरे माथे पर चमके बिंदिया इस तरां,
निकले सूरज की लाली, ज्यों इक भोर।

तेरी पायल की रुन-झुन ने जादू किया,
भई सावन की बदरी तू, मैं भया मोर।

सीखी अंगड़ाई तुझसे ही पुरवाई ने,
तेरा लहरा के चलना, गया झकझोर।

मेरे सपनों में घुलने लगा इक नशा,
तेरे यौवन के आगे, चले ना जोर।

ये कैसी है तन की अनजानी तपन,
बिन बारिश ही भीगा, मेरा हर पोर।

चलो प्रेम को दे दें क्षितिज इक नया,
बन जा राधा तू मेरी, मैं चितचोर।

57. हम कहाँ कहते हैं

हैं चंदा के आँगन, सितारे फुलझड़ी,
और सूरज के घर, किरणों की लड़ी,
तेरे कदमों में दोनों, जहां हर घड़ी,
हम जीते हैं कैसे, क्या किसी को पड़ी,
हम कहाँ कहते हैं, ये सारा, गगन हमको दे दो,
थोड़ी धूप, थोड़ी छाँव, कुछ सपन हमको दे दो।

सोना, चांदी, रुपैया, भर के तिजोरी,
हीरे ये मोती ये, बंगला ये गाड़ी,
तुम्हीं सारे रख लो, ये महलो-अटारी,
जी लेंगे हम अपनी, किस्मत हमारी ;
हम कहाँ कहते हैं, ये सारे, रतन हमको दे दो,
एक दिल, इक सनम, प्रेम धन हमको दे दो।

फूल, तितलियाँ सब, तुम्हारी निजामत,
भौरें ये कलियाँ, तुम्हीं को मुबारक,
हर घटा, हर फिजा पूरी, करे तेरी चाहत,
अब होते नहीं हम, काँटों से आहत ;
हम कहाँ कहते हैं, ये सारा, चमन हमको दे दो,
थोड़ी सांसें, थोड़ी खुशबू, कुछ पवन हमको दे दो।

58. प्यार हूँ मैं

ढ़ाई आखर का मैं ग्रंथागार हूँ,
रसों का सबसे उत्तम श्रृंगार हूँ,
दो दिलों के मधुमय उद्गार हूँ,
मानवता का कोमल विस्तार हूँ,

कसमे-वादों का दावेदार हूँ मैं,
बिन आँखों के दीदार हूँ मैं,
इंतजार हूँ मैं, इजहार हूँ मैं,
पतझड़ हूँ मैं, गुलजार हूँ मैं,

दुनिया के रेले-मेले में
दिलवालों की पहचान हूँ मैं,
दैलत से मिलूँ ना हाट-बाजार
ईश्वर से मिला वरदान हूँ मैं,

सौ जन्मों में किसी-किसी को -2
मिलता कभी-कभार हूँ मैं,
प्यार हूँ, प्यार हूँ, प्यार हूँ मैं ॥

मैं भंवरों से गीत गवाता हूँ,
कलियों पर रंग चढाता हूँ,
तितली को मैं टहलाता हूँ,
मछली को भी नहलाता हूँ,

नैनों को सपन दिखाता हूँ मैं,
साँसों में अगन जगाता हूँ मैं,
बिन बदरी सावन बरसाता हूँ मैं,
परचम दिल के फहराता हूँ मैं,

मूक सुरों में आँसू भर-भर,
गीत विरह के गाता हूँ मैं,
रात गुलाबी, ख्वाब सुनहरे,
सिंदूरी भोर उगाता हूँ मैं,

दुनियादारी के तपते मरूथल में - 2
जीवन सदा बहार हूँ मैं,
प्यार हूँ, प्यार हूँ, प्यार हूँ मैं ॥

गूंगों से गीत गवा सकता हूँ,
पर्वत का शीश नवा सकता हूँ,
पानी में आग लगा सकता हूँ,
पत्थर भी पिघला सकता हूँ,

काँटों को सेज बनाता हूँ मैं,
ज़ख्मों के फूल खिलाता हूँ मैं,
लोहे के चने चबाता हूँ मैं,
पर्वत से दूध बहाता हूँ मैं,

मेरे लब से आह ना निकले,
दिल में दर्द दबाता हूँ मैं,
गम सारे मेरे हमदम हैं,
रोते-रोते भी गाता हूँ मैं,

हँसते-हँसते सह लेता जग का - 2
सारा ही अत्याचार हूँ मैं,
प्यार हूँ, प्यार हूँ, प्यार हूँ मैं॥

प्रेमी लोचन है मैं अंजन हूँ,
मन है मंदिर मैं पूजन हूँ,
दिल चाहत है मैं चन्दन हूँ,
हैं भाव पुष्प मैं वंदन हूँ,

दिल का राजा धन से निर्धन हूँ मैं,
ना पूजता रूप या यौवन हूँ मैं,
ना मानता जात-पाँत बंधन हूँ मैं,
सबका करता आलिंगन हूँ मैं,

क्या राजा क्या रंक फ़कीर,
करता सबका अभिनंदन हूँ मैं,
कोई कान्हा हो या राधा कोई,
सबका ही वृदांवन हूँ मैं,

मुझे पागल समझे पागल दुनिया - 2
दिलवालों का दिलदार हूँ मैं,
प्यार हूँ, प्यार हूँ, प्यार हूँ मैं॥

मैं इक होशमंद मयखाना हूँ,
अपनी मस्ती में मस्ताना हूँ,
अपनी शमां का मैं परवाना हूँ,
खालिस दिल का मैं दीवाना हूँ,

जागी रातों का अफसाना हूँ मैं,
छत पर जाने का बहाना हूँ मैं,
रंगी ख्वाबों का ठिकाना हूँ मैं,
मीठी यादों का खज़ाना हूँ मैं,

इम्तिहान से भरी डगर पर,
इक राही आशिकाना हूँ मैं,
जो जुर्म किए ही नहीं मैंने,
उन सबका भी जुर्माना हूँ मैं,

कच्चे घड़े से तूफानी दरिया के -2
चल जाता उस पार हूँ मैं,
प्यार हूँ, प्यार हूँ, प्यार हूँ मैं॥

कब तक जंजीरों में बंधवाओगे ?
हमें विष का प्याला पिलवाओगे,
कब तक दीवारों में चिनवाओगे ?
शूली पर कब तक चढ़वाओगे ?

कारागार में मरता रहा हूँ मैं,
दर बदर भटकता रहा हूँ मैं,
पत्थरों से पिटता रहा हूँ मैं,
कोड़े भी खाता रहा हूँ मैं,

कब तक हत्या मेरी करवाओगे,
नहीं खापी फतवों से डरता हूँ मैं,
तप कर कुंदन बन जाता हूँ,
आग में जितना जलता हूँ मैं,

ये दुनिया फिर-फिर मारे मुझको - 2
जी जाता हर बार हूँ मैं,
प्यार हूँ, प्यार हूँ, प्यार हूँ मैं ॥

59. प्रेम की पीड़ा

क्यों मोहब्बत में हम ही बदनाम हो गए ?
सारे फिकरे हमारे हीं नाम हो गए,
क्यों मोहब्बत में हम ही बदनाम हो गए ?

दिल किसी से मिलाया, बस ये कसूर था,
हम ने तोड़ा वो बंधन, जो फिजूल था,
जाति-भाषा का हमने न माना मशविरा,
लोग अपने भी हमको, कहें सिरफिरा,
गुनाह था भी तो क्या, सिर्फ हमने किया,
शहर में कितने ही शीरी-फरहाद हो गए,
क्यों मोहब्बत में हम ही बदनाम हो गए?

प्रेम निश्छल हमारा, कुचलने के वास्ते,
जालिम जहाँ ने कर दिए दुश्वार रास्ते,
अपनों ने भी बँटवाए, तेजाबी पर्चे,
हमारी बदनामी को, हुई बड़ी साजिशें,
ऐसी लकड़ी लगा दी, ऐसी आग डाल दी,
खाक जलके मेरे सब अरमान हो गए,
क्यों मोहब्बत में हम ही बदनाम हो गए ?

फिर बदली फ़िज़ाएँ, मौसम बदल गए,
अक्स हमारे वही, आईने बादल गए,
रब की कृपा वो हासिल, मुकाम हो गया,
रसूखवालों में अपना, भी नाम हो गया,
ज़ालिमों को अब अच्छे हम लगने लगे,
दबाने वाले गला, गले लगाने लगे,

इश्क़ डरता नहीं, इश्क़ मरता नहीं,
फिर से साबित सही ये बयान हो गए,
क्यों मोहब्बत में हम ही बदनाम हो गए ?

60. तू जो कह दे तो

तू जो कह दे तो चाँद से भी किनारा कर लेंगे,
चंद जुगनुओं से तमाम उम्र गुजारा कर लेंगे।

शर्त इतनी-सी है जिन्दगी में तुम्हारा साथ रहे,
चलना तेरे लिए शोलों पर गवारा कर लेंगे।

मेरी हर साँस में तेरे वजूद का एहसास रहता है,
बंद नैनों से तुम्हारे नूर का नज़ारा कर लेंगे।

प्रेम के आलम में हम-तुम हों कोई तीसरा ना हो,
मौत भी आए तो रूकने का ईशारा कर लेंगे।

तुझे जो प्रेम किया जुर्म बताते हैं ये दुनिया वाले,
हम अगले जन्म वही जुर्म दुबारा कर लेंगे।

वस्ल के वास्ते कर लूँगा इंतज़ार क़यामत तक,
डूबेगी साँस तो यादों को पुकारा कर लेंगे।

61. वो नशीली शाम

नरकट घिरे, पोखर किनारे,
केश तेरे, कांधे हमारे,
भर ठेहुन, दूधिया पाँव,
पानी के, दर्पण उतारे,
हाथों में, हाथ लिए,
आँखों में, आँख दिए,
हर धड़कन, हर साँस थी,
तेरे मेरे नाम,
याद बहुत आती है,
वो नशीली शाम ।

नज़रें, कुछ चाहती थीं,
जाने क्या, थाहती थीं,
दृढ़ शिखर प्रेम के,
या विश्वास की, गहराईयाँ,
नेह मैं तेरा, पढ़ न पाया,
देह से, उबर ना पाया,
तू स्नात पवित्र प्रीत थी,
मुझे बाँधे रहा, काम,

याद बहुत आती है,
वो नशीली शाम ।

रगों में कुछ गया फँस,
अंगुरियों को गया कस,
नहीं थी, हमें ऐसे,
छलिया पलों की पहचान,
मन साँसों में, सरक गया,
घरौंदा दिल दरक गया,
दे गया वो, निठुर इसे,
वासना का नाम,
याद बहुत आती है,
वो नशीली शाम।

62. क्या तुम तैयार हो ?

समय का पहिया चलता जाए,
चलते-चलते कहता जाए,
सुनो रे भैया, सुनो ऐ दादा,
बात पते की मैं बताता,
हरियाली जा रही है मरती,
स्वच्छ जलवायु बनी चुनौती ,
क्षिति-जल-जंगल, गगन-समीर,
हालत इनकी बड़ी गंभीर,
बंधक बन गई अपनी धरती ,
प्रदूषण माँगे फिरौती,
समय पे तुम उबार लो,
क्या तुम तैयार हो ?
बोलो, क्या तुम तैयार हो ?

रही ना माटी पहले जैसी,
तिलक थे हम जिससे करते,
जहर, रसायन भर गए इसमें,
कैसे ये सोना उगले ?
सब खाद्य हो गए हैं संकर,
रह गया देसी सपना बनकर,

घटी उपज का नहीं निदान,
आत्महत्या कर रहे किसान,
तुम बचा लो मरती माटी को,
पुरखों की अपनी थाती को,
धरती का कर्ज़ उतार दो,
क्या तुम तैयार हो ?
बोलो, क्या तुम तैयार हो ?

नल-कूपों की कौन कहे,
अब तो गंगा भी मैली है,
धुआँ-धूल-प्रदूषण इतना,
हवा हुई जहरीली है,
सूखी नदियाँ, कट गए जंगल,
पशु-पक्षियों का हुआ अमंगल,
विश्व पटल का बढ़ता ताप,
पिघले हिमशैल आए बाढ़,
छेदो मत ओज़ोन आवरण,
बचा लो मूर्छित परि-आवरण,
अब भी भूल सुधार लो,
क्या तुम तैयार हो ?
बोलो, क्या तुम तैयार हो ?

63. कुछ गुनाह किए नहीं जाते, हो जाते हैं

लिखे ख्वाब गर रेत पर, लहरों में खो जाते हैं,
कुछ गुनाह किए नहीं जाते, हो जाते हैं।

सपना ढलते सूरज का भी, सदा वो रहता आग,
चाँद ने कब सोचा होगा, लग जाएगा दाग।

तेल लबालब भरे दीये की, बाती भी चुक जाती है,
दौड़ती गाड़ी पटरी पर, कहीं घंटों रुक जाती है।

आसान पर्चों के जवाब भी, गलत कभी हो जाते हैं,
कुछ गुनाह किए नहीं जाते, हो जाते हैं।

शीतल समीर क्या जाने, है उसका नाम हीं आँधी,
बरसे मेघ तो जीवन है, फट जाए तो बर्बादी।

हर टूटन नहीं बुरी होती, देखो टूटते तारे को,
तैराक बहुतेरे डूब गए, अनाड़ी लगे किनारे को।

नेह भरी एक बूंद को, है मरू आजन्म तरसता,
मेह उफनते सागर में, जाने है क्यूँ बरसता।

अपनेपन के मारे हुए कुछ, परायों में खो जाते हैं,
कुछ गुनाह किए नहीं जाते, हो जाते हैं।

64. कैसे कोई गीत लिखूँ ?

जब रोती हो सारी दुनिया,
मैं कैसे कोई गीत लिखूँ ?

परिवारों के आँगन है खाई,
रिश्तों में भी जम गई काई,
मित्र-पड़ोसी के मन, ईर्ष्या
लेती रहती है अंगड़ाई,
संबंधों की नव परिभाषा को,
कुछ भूले-बिसरे रीत लिखूँ।

सुख-दुःख जीवन क्रम होता है,
क्यों सिर्फ अभावों को रोता है ?
माया-मृग की दौड़ में मानव,
सुख-चैन-नींद सब खोता है,
जरूरत और विलासिता में,
अरे, कुछ तो अंतर होता है !
स्वप्न-महल में खोए जन को,
आत्मा एक व्यथित लिखूँ।

सब के मन में पड़ी दरारें हैं,
अब दिल से बड़ी दीवारें हैं,
"मैं"-"मैं" की जीत-दौड़ में,
हम "हम" को ही हारे हैं,
चाँद, सूरज, दिशाएँ छोड़िए,
रंगों तक के बँटवारे हैं,
अविश्वास के इन अनुबंधों को,
कैसे मानव की जीत लिखूँ ?

छीनना पाने का पर्याय बने,
जब जोर-जब्र ही न्याय बने,
धृतराष्ट्र आदर्श हो शासन का,
भ्रष्टाचार ही घोषित आय बने,
जहाँ जनहित पड़ा उपेक्षित हो,
और राजनीति व्यवसाय बने,
खोखले मूल्यों की इस गाद को,
कहो कैसे नवनीत लिखूँ ?

जो मानव विकसित, प्रबुद्ध है,
होता फिर क्यों युद्ध है ?
स्वयंभू बनने की जिद में,
विश्व-बंधुता अवरुद्ध है,
गुटबंदी के चक्रव्यूह में,
कोई साथ कोई विरुद्ध है,

नफ़रत भरी फिजाओं में कैसे,
मैं कोई नवगीत लिखूँ?

जब रोती हो सारी दुनिया,
मैं कैसे कोई गीत लिखूँ?

65. अरे तू जलता जा रे दीप !

अरे तू जलता जा रे दीप,
अरे तू चलता जा रे मीत,
गुजरे कितने आँधी-तूफां,
गुजरे कितने आँधी-तूफां,
ये भी पल जाएगा बीत,
अरे तू जलता जा रे दीप,
अरे तू चलता जा रे मीत।

पहर दो पहर तम है ये,
राह कठिन है गम क्या रे,
विघ्नों के बारिश-ओले,
जाएँगे सब थम प्यारे,
देखो-देखो भोर की मंज़िल,
देखो-देखो भोर की मंज़िल,
अब आ है चली समीप,
अरे तू जलता जा रे दीप,
अरे तू चलता जा रे मीत।

अँधेरों की आशा है तू
जीने की अभिलाषा है तू

जलना-बुझना, फिर-फिर जलना,
हिम्मत की परिभाषा है तू
ये आँधी-पानी, आनी-जानी,
ये आँधी-पानी, आनी-जानी,
मत होना रे भयभीत,
अरे तू जलता जा रे दीप,
अरे तू चलता जा रे मीत।

वक़्त ऐसा भी आता है,
सूरज घन में गुम जाता है,
पूनम का चम-चम चंदा भी,
अँधियारे में छुप जाता है,
तेरा जलना, तेरा चलना,
तेरा जलना, तेरा चलना,
संकट पे साहस की जीत,
अरे तू जलता जा रे दीप,
अरे तू चलता जा रे मीत।

ये तू है या कि मैं हूँ रे,
तेरी लौ है या सपने मेरे,
तेल-बाती प्राण-शोणित,
दुःख-दर्द तेरे लगते मेरे,
सुख आएगा, दुःख आएगा,
सुख आएगा, दुःख आएगा,
तू सब से कर ले प्रीत,
अरे तू जलता जा रे दीप,
अरे तू चलता जा रे मीत।

www.ingramcontent.com/pod-product-compliance
Lightning Source LLC
LaVergne TN
LVHW061617070526
838199LV00078B/7323
9789359890593